SALTO

Im achtzehnten Jahrhundert wurde die Gartenkunst in England neu erfunden. An die Stelle der streng symmetrischen Anlagen des französischen Barock traten künstliche Landschaften, die von der Natur bald kaum noch zu unterscheiden waren, Gärten, die so taten als seien sie nicht Kunst, sondern selbst Natur.

Noch heute werden unsere Vorstellungen von einer schönen Landschaft durch das Bild einer idealen Natur bestimmt, das die Englischen Gärten des achtzehnten Jahrhunderts entwarfen.

Hans von Trothas Reise in die Geschichte des Englischen Gartens führt in zwölf der bedeutendsten, originellsten und schönsten Parks Großbritanniens, die man alle heute noch besuchen kann. Unterwegs erfahren wir, wie die neue Gartenkunst aus dem Geist politischer Opposition entstand und was es mit den nachgebauten griechischen Tempeln und gotischen Ruinen auf sich hat.

Das Vorwort gibt einen historischen Abriß der Anfänge des Englischen Gartens, der Anhang einen Überblick über die wichtigsten Nachfolgegärten in Deutschland.

Ob zuhause auf dem Sofa oder auf einer englischen Parkbank: eine Englandkarte, Stiche und Gartenpläne helfen nicht nur der Orientierung, sondern auch der Phantasie.

HANS VON TROTHA

DER
ENGLISCHE GARTEN

EINE REISE DURCH SEINE
GESCHICHTE

VERLAG KLAUS WAGENBACH   BERLIN

Inhalt

Die ›English Garden Tour‹   7

›Palladian Revival‹ oder Die Keimzelle
CHISWICK HOUSE, LONDON   21

›Gothic Revival‹ oder Das Haus zum Buch
STRAWBERRY HILL, TWICKENHAM   33

Grand Tour en miniature
oder Von den Überraschungen der Serpentine
und des Haha
ROUSHAM, OXFORDSHIRE   43

Aeneas in Wiltshire oder Auch ich in Arkadien
STOURHEAD, WILTSHIRE   51

Viermal Palladio und eine Reise über den Styx
oder Triumph der Dilettanten
WEST WYCOMBE, BUCKINGHAMSHIRE   59

Der Sog des Raums
oder Wie eine Dorfstraße zur Terrasse wurde
CASTLE HOWARD, YORKSHIRE   69

Garten und Landschaft
oder Wie man sich einer Ruine nähert
STUDLEY ROYAL, YORKSHIRE   79

Als die Bilder laufen lernten
oder Kleine Geschichte der Terrasse
DUNCOMBE UND RIEVAULX TERRACE,
YORKSHIRE   87

A steady foot and a steady head
oder Abstecher in die Alpen und nach Tahiti
HAWKSTONE PARK, SHROPSHIRE   95

Freiheit, Elysium und Satire
oder The best idea of Paradise that can be
STOWE, BUCKINGHAMSHIRE   103

Die Brücke ohne Fluß
oder Wettbewerb der Gigantomanen
BLENHEIM, OXFORDSHIRE   115

Lady Nature's second Husband
oder Spaziergang ins Unendliche
PETWORTH, SUSSEX   125

Weitere Landschaftsgärten in England   132
Einige Englische Gärten in Deutschland   133
Literatur   138

Die ›English Garden Tour‹

»Längst war ich mit den Erhabensten in der Natur bekannt, als ich zum erstenmal in meinem Leben in einen Englischen Garten … sah«, berichtet der Schweizer Aufklärer Johann Georg Zimmermann im Jahr 1785. Und er fährt fort: »Noch kannte ich die Kunst nicht, welche elende Sandhügel durch eine neue Art von Schöpfung in eine freundliche Landschaft verwandelt … Noch wußte ich nicht, daß sich auf einer ganz kleinen Fläche, die Natur in solcher reitzender Mannigfaltigkeit und edler Einfalt darstellen läßt. Noch hatte ich nicht erfahren, daß man auf den ersten Blick so weggerissen werden kann … zu arcadischer Wollust … Noch segne ich den Tag, da ich dies zuerst erfuhr.«

Der Englische Garten, der Zimmermann in »arcadische Wollust« versetzte, lag nicht in England, sondern in Marienwerder bei Hannover. Gegen Ende des 18. Jahrhunderts entstanden überall in Europa »Englische Gärten«. Es waren Miniaturlandschaften, die aussahen, als seien sie natürlich gewachsen; Kunstwerke, die so taten, als seien sie Natur. Sie bestanden aus künstlichen Seen, aufgeschütteten Hügeln, nachgebauten Felsen und angelegten Wäldern. Der englische Schriftsteller Horace Walpole traf den Kern: »Der neue Gärtner zeigt seine Talente, indem er seine Kunst verbirgt.«

Man fragt sich, warum Künstler viel Arbeit und Geld investieren sollen, um am Ende den Eindruck zu erwecken, sie hätten überhaupt nichts gemacht. Und: Läßt sich die Natur überhaupt so nachahmen, daß man Urbild und Kopie verwechseln kann? Die Antwort auf diese Frage scheint einfach, sie lautet: nein – gerade das macht den Reiz der Englischen Gärten des 18. Jahrhunderts aus. Wissend, daß sie ihr Ziel niemals erreichen konnten, arbeiteten die Gartenkünstler unermüdlich daran, diese Einsicht zu widerlegen. Sie setzten dabei weniger auf die Größe als auf die Wirkung ihrer nachgeahmten Naturszenen. Sie bemühten sich mit viel Einfallsreichtum, ihre Kunstlandschaften so effektvoll wie möglich zu inszenieren. Da sich die Welt nicht im Originalmaßstab neu erschaffen ließ, verlegten sie sich auf Täuschungen und Manipulationen, auf geistreiche Anspielungen und Überraschungseffekte, um die Gartenbesucher zu stimulieren, ihre Phantasie anzuregen und auch angesichts der unangemessenen Kopien angemessene Reaktionen bei ihnen auszulösen.

Im Englischen Garten von Wörlitz bei Dessau wurde sogar ein Vulkan installiert, der bei Bedarf zum Ausbruch gebracht werden konnte. Natürlich ist er viel kleiner als der Vesuv, den er imitiert. Berge ließen sich nicht versetzen, aber selbst Vulkane und Alpenspitzen, so meinte man, ließen sich so kopieren, daß man das Vorbild nicht nur erkannte, sondern auch ähnlich ergriffen und beeindruckt war wie beim Anblick des Originals. Die künstlichen Landschaften wurden mit griechischen Tempeln, gotischen Ruinen und palladianischen Villen bebaut, mit Einsiedeleien, chinesischen Pavillons, Pyramiden, Brücken, Triumphbögen und Grotten, um die Spaziergänger auch mit dem Zauber fremder Regionen und vergangener Zeiten bekannt zu machen. Und die Gartenbesucher ließen sich darauf ein. Sie lachten nicht über die Miniaturkopien, sie nahmen sie als das, was sie waren: Angebote, sich angesichts der Kopie das Kopierte in der Phantasie zu vergegenwärtigen – was um so leichter fiel, als die meisten die Vorbilder nicht aus eigener Anschauung kannten, sondern allenfalls von Bildern und Stichen oder aus Reisebeschreibungen. Die Bergnachbildungen in Marienwerder vermochten allerdings sogar, »die schwärzeste Melankolie und das fürchterlichste Heimweh« zu vertreiben, die Johann Georg Zimmermann in seinen ersten Wochen in Deutschland plagten: »Ich kam in den kleinen Garten …, und weg war für diesen Tag mein Heimweh«, schwärmte der Schweizer.

Die künstlichen Landschaften des 18. Jahrhunderts haben, wo sie erhalten geblieben sind, nichts von ihrem Charme verloren. Auch in Deutschland haben einige Englische Gärten aus dieser Zeit überlebt – in Wörlitz, zum Beispiel, oder in Weimar, im Seifersdorfer Tal bei Dresden, in Machern bei Leipzig, in Schwetzingen, Schönbusch, Kassel-Wilhelmshöhe, Burgsteinfurt, Emkendorf, München oder Potsdam. Jeder dieser Gärten versucht auf seine Weise, die Natur auf einer mehr oder weniger kleinen Fläche in ihrer »reitzenden Mannigfaltigkeit« darzustellen, und jeder hält eine Reihe von Überraschungen bereit, die aus einem nachmittäglichen Spaziergang eine Reise in eine andere Welt werden lassen. Wir lassen uns heute vielleicht nicht mehr so leicht in »arcadische Wollust« versetzen wie unsere Vorfahren im 18. Jahrhundert, aber die Kreativität und die Phantasie, die in diesen Gartenanlagen steckt, die Lust am Spiel mit der Einbildungskraft, das Interesse an fremden Regionen und verschütteten Kulturen und nicht zuletzt der Aufwand, mit dem immer wieder der Versuch gemacht worden ist, den Traum von einer idealen Landschaft Wirklichkeit werden zu lassen, haben auch heute noch ihren ganz besonderen Reiz – vorausgesetzt, man läßt sich auf die eigenwillige Verspieltheit dieser Gärten ein.

Der Kieler Philosophieprofessor Christian Cay Lorenz Hirschfeld erklärte seinen Landsleuten in einer fünfbändigen *Theorie der Gartenkunst*, die zwischen 1779 und 1785 in Leipzig erschien, was es mit dem Englischen Garten auf sich habe. Der sei, so Hirschfeld, »nicht bloße Belustigung des äußeren Sinnes, sondern innere wahre Aufheiterung der Seele, Bereicherung der Phantasie, Verfeinerung der Gefühle; Erweiterung des Bezirks für Geschmack und Kunst; ... Veredelung der Werke der Natur und Verschönerung einer Erde, die auf eine Zeit unsere Wohnung ist«. Selten hat man der Kunst so viel zugetraut wie der Gartenkunst im 18. Jahrhundert.

Gärten sind immer mehr gewesen als schöne Orte zum Spazierengehen. Die Geschichte der Gartenkunst ist eine Geschichte von Versuchen, wenigstens ein Stück vom verlorenen Paradies zurückzuerobern, dem Urgarten, aus dem der Mensch vertrieben wurde und von dem jede Zeit eine andere Vorstellung zu haben scheint. Jeder Garten ist ein Vorschlag, wie es im Paradies aussehen könnte, gleichzeitig spiegelt er die Sehnsüchte und Wunschvorstellungen der Zeit wider, in der er entstanden ist. Das Wort ›Paradies‹ entstammt einem altpersischen Dialekt und bezeichnete ursprünglich ein eingehegtes Jagdgelände des Königs. Die Begrenzung, die Trennung von der freien Natur ist das bestimmende Merkmal aller Gärten. Das gilt für die Villengärten der Antike wie für die der italienischen Renaissance, die Ahnen aller neuzeitlichen Gartenkunst.

Ludwig XIV. machte den Garten im 17. Jahrhundert zum Symbol seiner Vorstellung von absoluter Herrschaft. Sein Gartenbaumeister Le Nôtre schuf in Versailles ein Gesamtkunstwerk aus Schloß und Park, das das Weltbild und den Herrschaftsanspruch des Königs unmißverständlich und für jeden einsehbar zum Ausdruck brachte. Der eine, ideale Blick auf diesen Garten, der Überblick, den die strenge Symmetrie erfordert, der auch die beschnittenen Bäume, Büsche und Hecken unterworfen sind, ist allein dem König vorbehalten. Nur aus dem Zimmer des Königs in der Beletage des Schlosses entfalten die geometrischen Formen zu beiden Seiten der majestätischen Zentralachse ihre ganze Pracht. Die Symmetrie der Schönheit von Versailles ist auch Symmetrie der Macht. Ihre Mitte ist der Sonnenkönig selbst. Das war es, was Ludwig XIV. aller Welt demonstrieren wollte. Und die Welt hatte verstanden. Überall in Europa eiferten Fürsten und Gutsbesitzer ihm nach, indem sie dem Vorbild Versailles nacheiferten. Von Drottningholm bis Schönbrunn entstanden Französische Gärten: regelmäßige Terrassen und formale Parterres mit symmetrisch angeordneten Beeten und Rabatten, in denen Bäume, Büsche und Blumen in geometri-

Versailles
Blick auf den Park (um 1670)

11

schen Formationen die repräsentativen Schloßanla-
gen ins Freie verlängerten.

Das war auch in England nicht anders. Doch mit
der grundlegenden Veränderung der englischen Gesellschaft im Jahr 1688, als in der sogenannten Glorious Revolution die absolutistisch herrschende Dy-
nastie der Stewarts abgesetzt wurde, brach ein neues
Zeitalter an. Selbstbewußt gaben die Engländer ihm
in Anspielung an die kulturelle Hochblüte unter dem
römischen Kaiser Augustus und den traditionellen
zweiten Vornamen der neuen Könige aus dem Haus
Hannover den Ehrentitel »augusteische Epoche«. Es
sollte ein Goldenes Zeitalter werden, in dem nicht
mehr die Freiheit der Untertanen, sondern die Macht
der Könige beschnitten war. Zu diesem Geist der
Freiheit paßte die formale Zucht der Französischen
Gärten nicht. Und so folgte der Glorious Revolution
in England eine Erneuerung der Gartenkunst, die so
grundlegend war, daß schon die Zeitgenossen von
einer Gartenrevolution sprachen. Die Revolution bestand auf den ersten Blick darin, alles wegzulassen,
was Gärten bislang aufgeboten hatten, um ihre Besucher zu erfreuen und, mehr noch, zu beeindrucken.
Was übrigblieb, sah bald so aus, als sei es gar nicht
Kunst, sondern die Natur selbst. Und schnell ahmte
man in ganz Europa nicht mehr das Frankreich Ludwigs XIV. nach, sondern das »augusteische« England.
Überall entstanden Englische Gärten, freie Landschaften, in denen sich freie Menschen frei bewegen
sollten.

Natürlich kann eine Neuorientierung in der Politik
allein kaum eine Revolution in der Kunstgeschichte
auslösen. Gärten mögen Gesellschaftsordnungen
und Machtansprüche widerspiegeln, vor allem aber
sind sie Kunstwerke. Sie verraten viel über das Schön-
heitsideal einer Zeit, über ästhetische Moden und
über das Verhältnis der Menschen zur Natur. Nir-

gends treffen Kunst und Natur so unmittelbar aufeinander wie im Garten, in dem Raum zwischen Haus und Landschaft, in dem die Menschen sich die Natur so einrichten, wie sie sie sich wünschen.

In der italienischen Renaissance und im französischen Barock waren die Gärten Teil der Häuser. Die Baumeister gaben die Regeln vor, nach denen die Gärtner Erde und Pflanzen bearbeiteten. Die freie Natur blieb durch Gartenmauern und Heckenkästen ausgeschlossen. Das änderte sich erst im 18. Jahrhundert. In England, dem Mutterland der Gartenrevolu-

Plan des Parks von Versailles (1714)

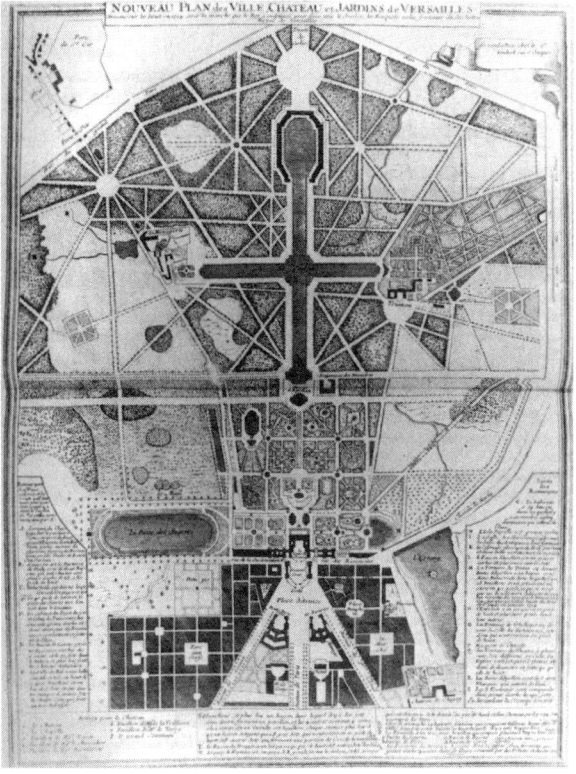

13

tion, kann man heute noch verfolgen, wie die Gartenkunst in dieser Zeit neu erfunden wurde, wie aus den
formalen Parks der Franzosen sogenannte Landschaftsgärten und aus Gartenarchitekten Landschaftsgärtner wurden. Besonders augenfällig sind die Kon-
sequenzen der Gartenrevolution, wenn man Pläne
von Französischen und Englischen Gärten nebeneinander betrachtet. Die zentralistische Symmetrie der
formalen barocken Anlagen läßt sich besonders gut
im Plan wiedergeben. Aus der Vogelperspektive, die
solchen Plänen zugrunde liegt, erschließt sich die Botschaft dieser Gärten auf den ersten Blick. Ohne weitere Erläuterungen erkennt man, was gemeint ist.
Die Englischen Gärten dagegen verlangen, daß man
sie aufsucht, um zu erfahren, was sie erzählen wollen.
Vieles von dem, was die Besucher Englischer Gärten
im 18. Jahrhundert begeistert hat, ist uns heute noch
– oder wieder – überraschend nah: die verspielte Lust

Plan des Gartens von Bowood, Wiltshire (1763)

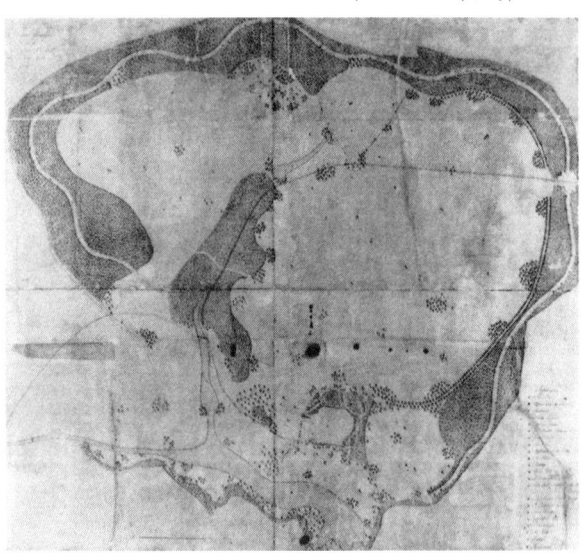

14

an der Simulation, der Appell an die Einbildungskraft und das beständige Bemühen um immer stärkere Reize. Die Ehrfurcht vor historischen Kunstwerken verbietet es uns allerdings oft, Parallelen zu ziehen und zu sehen, daß es auch zu früheren Zeiten Medien gegeben hat, die Besucher und Betrachter zunächst einmal schlichtweg unterhalten sollten.

Natürlich ging es dabei auch um mehr. Der Popularphilosoph August Hennings schrieb 1797 in der von ihm herausgegebenen Zeitschrift ›Der Genius der Zeit‹: »Wohl möglich …, daß indem der politische Reformator vergebens daran arbeitet, eine Revolution in der Denkart der Menschen zu würken, unvermerkt die schöne Garten Kunst eine gänzliche Reform in den Gesinnungen und in den Vorstellungen der Menschen würken wird; und wer kann leugnen, daß eine solche Reform die sanfteste und wohlthätigste von allen seyn würde?« Die neuen Gärten spiegelten ein neues Denken wider und sorgten für seine Verbreitung.

Im 16. Jahrhundert waren die Villengärten der italienischen Renaissance Vorbild aller europäischen Gartenanlagen. Für das 17. Jahrhundert hatte der Französische Garten offenbar den Zeitgeist überzeugend in künstlerische Formen umgesetzt. Das Weltbild des europäischen 18. Jahrhunderts steckt in den Englischen Gärten. Ihr auffälligstes Merkmal ist ein neues Verhältnis der Kunst zur Natur. In den Englischen Gärten des 18. Jahrhunderts ist das Landschaftsideal entstanden, das bis heute unseren Blick auf die Natur bestimmt.

In der Renaissance und im Barock galt als schön, was abstrakten Kategorien wie Symmetrie, Proportion, Zahlenharmonie und Ebenmaß folgte. Mit alledem konnte die Natur nicht dienen, zumindest solange Bäume nicht in Alleen gepflanzt und Büsche nicht zu geometrischen Figuren beschnitten waren.

Die freie, unberechenbare Natur galt als unwirtlich, menschenfeindlich und gefährlich. Als schön empfand man sie nur, wenn sie bearbeitet und den ästhetischen Konventionen der Zeit angepaßt war. Das traf auf die Gärten zu, aber auch auf die Landschaftsmalerei, die im 17. Jahrhundert vor allem in Italien eine erste Blüte erlebte. Die Bilder Claude Lorrains zum Beispiel, die im 18. Jahrhundert als Höhepunkt der Landschaftsmalerei gehandelt wurden, zeigen die Natur nicht, wie sie ist, sondern geschönt, harmonisiert, idealisiert. Wenn wir Natur nach ästhetischen Gesichtspunkten betrachten und ordnen, nennen wir sie Landschaft.

Im 17. Jahrhundert war es noch nicht üblich, die Natur selbst als Landschaft zu genießen. Die ästhetische Eroberung der Natur fand erst im 18. Jahrhundert statt. Auch davon erzählt die folgende Reise durch die Geschichte des Englischen Gartens. Sie endet in einer Zeit, in der die Gärten von der sie umgebenden Landschaft kaum noch zu unterscheiden sind und die Menschen sich aufmachen, mit dem Blick, den sie in den Gärten eingeübt haben, auch die freie Natur zu betrachten. Es ist die Zeit, in der der moderne Tourismus seine Wurzeln hat.

August Wilhelm Schlegel hat einmal süffisant bemerkt, die Gartenkunst sei »die einzige bildende Kunst«, in der die Engländer »Anspruch machen können, original zu sein«. Das mag ein Grund dafür sein, daß nirgends in Europa so viel Aufwand betrieben wird, historische Gartenanlagen zu erhalten, wie in England. In keinem anderen Land ist so viel Fläche gärtnerisch gestaltet worden wie in Großbritannien im 18. und 19. Jahrhundert.

Die folgende Reise in die Geschichte des Englischen Gartens beschränkt sich auf einige der schönsten, wichtigsten und originellsten Landschaftsgärten der ersten Generation, die man heute noch besuchen

Claude Lorrain: Landschaft mit Jacob, Laban und
seinen Töchtern (1654)

kann. Da diese Gärten immer darauf zielten, die Besucher sinnlich zu stimulieren und ihre Botschaften
durch möglichst eingängige Effekte zu vermitteln, ist
diese Reise keine Exkursion in die abstrakten Höhen
der Kunstgeschichte, sondern ein Ausflug voll Überraschungen und Entdeckungen. Und wer sich, lesend
oder spazierengehend, einmal in die Art und Weise
eingeübt hat, in der diese Gärten die Welt nachahmen
und die Spaziergänger unterhalten, belehren und beeindrucken, der wird alle Englischen Gärten mit anderen Augen sehen, unabhängig davon, in welchem
Land sie sich befinden.

Die Reise durch die Gärten Englands hat Tradi-
tion. Seit der Mitte des 18. Jahrhunderts war die
English Garden Tour eine Institution im britischen
Königreich. Es wurde Mode, von Garten zu Garten
zu reisen, um selbst zu sehen und zu erleben, was die
neuen Anlagen zu bieten hatten. Reisende, die vom
Kontinent kamen, studierten sie genau, um dann zu
Hause selbst Englische Gärten anzulegen. Die Gar-

tenbesitzer richteten sich darauf ein. Sie sorgten für angemessene Unterkunft in eigens errichteten Logierhäusern, manche hielten kleine Pferdewagen für die Besucher bereit. In Goethes Altersroman *Die Wahlverwandtschaften*, in dem viel von der Gartenkunst die Rede ist, klagt ein Lord, zu Besuch in deutschen Landen: »Wer genießt jetzt meine Gebäude, meinen Park, meine Gärten? Nicht ich, nicht einmal die Meinigen: fremde Gäste; neugierige, unruhige Reisende.«

Das Reisen spielte auch bei der Entstehung des Englischen Gartens eine wichtige Rolle, und es blieb immer eines seiner heimlichen Themen. In die elisabethanische Zeit reicht der englische Brauch zurück, junge Männer von Stand auf Reisen zu schicken, bevor sie ihre Ämter antraten. Unterwegs sollten die angehenden Gentlemen gesellschaftlichen Schliff und Weltläufigkeit erwerben, Erfahrungen sammeln (nicht zuletzt erotische) und sich bilden. Zunächst hatte es vor allem politische Gründe, daß die sogenannte Grand Tour nach Italien führte. Nirgends sonst ließen sich so viele unterschiedliche Staatssysteme auf engstem Raum vergleichen wie in der Region zwischen den Alpen und Rom. Allmählich aber verschob sich das Interesse der englischen Grand Touristen, die in Italien nicht nur eine ungewohnte, sonnenbeschienene Landschaft erlebten, sondern auch mit den Überresten einer untergegangenen Kultur in Berührung kamen: mit der Baukunst der Antike. Sie brachten Unmengen von Bildern, Stichen, Zeichnungen, Büchern und Antiquitäten mit nach Hause. Zu Dutzenden gelangten Landschaftsgemälde aus Italien nach Großbritannien. Sie verbreiteten dort ein Idealbild der Natur, das sich mit der Begeisterung für die Kultur der Antike verband. Als in England schließlich das Bedürfnis wuchs, der streng formalen Gartenkunst der Franzosen eine Alternative entgegenzusetzen, waren die Köpfe der britischen Edelmänner voll von der auf Gemälden und in der Erinnerung gleichermaßen idealisierten Landschaft Italiens und von den Bauwerken der römischen Antike. Das waren die Vornilder, nach denen sie ihre Version vom Paradies gestalteten.

In den neuen Gärten wurden Träume verwirklicht und Sehnsüchte gestillt, nicht nur für diejenigen, die in Italien waren, sondern auch für all die, die selbst nicht die Gelegenheit hatten, die Landschaft und die Kultur des Südens vor Ort zu erleben. Die *English Garden Tour* wurde zu einer Art Ersatz für die große Reise durch Europa, zu einer Grand Tour en miniature, auf der man auf engstem Raum die Schönheiten dieser Welt kennenlernen konnte. August Hennings schrieb 1797: »So wie ehemals die Freunde der Kunst Rom und Florenz besuchten, um den Meisterwerken des Alterthums und der neuern Zeiten in Statuen und Gemählden zu huldigen, so wie Dichter und Reisende den Vulcan oder Aetna bestiegen, um zu sagen, daß sie in den Crater hineingesehen, und vor ihnen die Sonne dem Meere entstiegen sey, oder wie sie die Gletscher bereisten, um die Quelle des Rheins in ewigem Eise zu suchen und die Kinder des Frühlings am Rande des Winters zu pflücken; so wie Bruce bis in Äthiopien drang, um zu entdecken, daß die Quelle des Nils eine Quelle sey; so wie sonst Reisende Kirchen, Schlösser und Palläste, Bälle, Feuerwerke, Comödien, Wachtparaden, Parlamentsdebatten, Seehäfen, Spielgesellschaften, Post- und Wirtshäuser schilderten, so werden ietzt berühmte Gärten besucht und so wahr beschrieben, daß man nur zu lesen braucht, um sich zu überzeugen, daß der Verfasser in einem Labyrinth von Schönheiten war, in dem man sich verirrt.«

Henry Flitcroft:
Aufriß der Frontfassade von Chiswick House (1727)

›Palladian Revival‹
oder Die Keimzelle

CHISWICK HOUSE, LONDON

Am Anfang der Gartenrevolution – und der historischen *English Garden Tour* – steht ein Gebäude.
Schließlich war die Gestaltung von Gärten Sache der
Architekten, seit die Baumeister der italienischen Renaissance mit der Baukunst der Antike auch die Kultur der Villengärten wiederbelebt hatten.

An den Ufern der Themse im Südwesten Lon-
dons, in den kleinen Orten Twickenham und Chiswick zum Beispiel, bildete sich Anfang des 18. Jahrhunderts eine Landhauskultur heraus, ein nordisches
Pendant zur *Villeggiatura* der italienischen Renaissance. Daß man die Nähe zum südlichen Vorbild
tatsächlich suchte, ist wohl das erste, was dem Besucher von Chiswick House auffällt, dem Landsitz von
Richard Boyle, 3rd Earl of Burlington. Lord Burlington war Architekt, einer der bedeutendsten seiner
Zeit. Zwischen 1720 und 1730 errichtete er in Chiswick ein Landhaus, das alle Konventionen sprengte.
Viele Besucher, die zum ersten Mal davor stehen,
sind irritiert, manche auch amüsiert. Eine Kuppel
überwölbt das weiße Gebäude, davor liegt ein Portikus mit sechs korinthischen Säulen. Zwei kunstvolle
Treppen, mit Vasen verziert, vervollständigen das
Bild einer italienischen Renaissancevilla. Außerdem
fallen acht hohe Schornsteine auf, die aussehen wie
Obelisken. Im Vorhof von Chiswick House hört man
wohl die Botschaft von der edlen Einfalt und stillen

21

Lord Burlington: Entwurfszeichnung für die
Schornsteine von Chiswick House (vor 1730)

Größe der Alten, die die Baumeister der Renaissance
wiederbelebt hatten – allein, es fehlt der Glaube.
Nicht nur, weil man solche Bauten eher in der Sonne
des Veneto vermuten würde als in einem Vorort der
englischen Hauptstadt und weil sie in der Regel aus
dem 16. und nicht aus dem 18. Jahrhundert stammen
– vor allem irritiert die Größe: Die Proportionen
stimmen nicht, die Kuppel ist im Verhältnis zum
Baukörper viel zu mächtig, die Schornsteine wirken
in ihrer Höhe eher grotesk, und nicht zuletzt: das
Ganze ist viel zu klein.

»Zu klein, um darin zu leben, aber zu groß, um es
sich an die Uhrkette zu hängen«, befand Lord John
Hervey, als er Chiswick House besichtigte. Dazu
muß man vielleicht wissen, daß Lord Hervey ein er-
bitterter politischer Gegner Lord Burlingtons gewesen ist. Vor allem aber muß man sich vor Augen
führen, was Burlington mit seiner Villa bezweckte.
Ihm ging es nicht nur darum, einen Landsitz so ein-
zurichten, daß es sich dort gut leben ließ, er wollte
mit seinem Bau ein weithin sichtbares Zeichen setzen.
Sein Haus sollte wie ein Bild eine Stimmung erzeugen und die Phantasie stimulieren. Diese Wirkung

22

war ihm wichtiger als die Gesetze der Proportion. Lord Burlingtons Villa löste eine neue Mode in der englischen Landhausarchitektur aus, und zahlreiche Ausflügler pilgerten nach Chiswick, um sie selbst zu sehen. Chiswick House stand nachmittags Besuchern offen, vorausgesetzt, die Burlingtons waren zu Hause. Ähnliche Regelungen galten für die meisten Landhäuser der Zeit.

Der Bauherr von Chiswick House war 1695 als Richard Boyle geboren worden und starb 1753 als 3rd Earl of Burlington. 1704 fielen dem Zehnjährigen der Titel und die dazugehörigen Ländereien zu. Trotz privater Bande zu den Stewart-Königen im Exil knüpfte Burlington Verbindungen zu den Whigs, jenen neuen Mächtigen, deren Opposition zum Königshaus die Glorious Revolution von 1688 herbeigeführt hatte, und die für sich in Anspruch nahmen, die konstitutionelle Monarchie eingeführt zu haben. Nach der Thronbesteigung Georgs II. im Jahr 1727 bewegte sich Burlington im Zentrum der Macht, bis er im Mai 1732 nach einer Konfrontation mit dem übermächtigen Kanzler Robert Walpole von allen seinen Ämtern zurücktrat. Mit seiner Frau, seinen drei Töchtern und den wichtigsten Werken seiner umfangreichen Gemäldesammlung verließ Burlington sein Haus am Piccadilly (das heute die Royal Acadamy of Arts beherbergt), um ganz nach Chiswick überzusiedeln. Der kleine Ort wurde durch ihn zu einem kulturellen Zentrum. Er nahm Georg Friedrich Händel nach dessen Zerwürfnis mit dem englischen Hof auf, er förderte Philosophen, Schriftsteller, Maler und natürlich Architekten. Horace Walpole nannte ihn einen »Apollo der Künste«, Alexander Pope den »Vitruv der Neuzeit«.

Lord Burlington war ein erklärter Gegner des politischen Absolutismus und der Repräsentationsarchitektur des französischen Klassizismus. Eine Alternative fand der Baumeister in Italien. Für aufmerksame Beobachter hat er an der Frontfassade der Villa von Chiswick seine Quellen ausgewiesen. Zwei Statuen erweisen den Paten des Gebäudes und der Mode, die es auslösen sollte, ihre Referenz: Andrea Palladio und Inigo Jones. Andrea Palladio (1508–1580) hatte die Baukunst der Antike ausführlich studiert, er hatte Vitruv gelesen, römische Bauten vermessen und aufgrund dieser Kenntnisse die Architektur der Hochrenaissance zu einem klaren und geschlossenen Stil geführt. Es entstanden jene berühmten Villen, vor allem im Veneto, die vom Rhythmus ihrer Säulen und Pilaster getragen werden und ganz auf die vollendete Harmonie der Formen setzen. Der Architekt Inigo Jones (1573–1652) hatte palladianische Ideen bereits zu Beginn des 17. Jahrhunderts nach England getragen. Allerdings blieb sein Vorstoß ohne große Folgen. Erst Lord Burlington verhalf dem Stil zum Durchbruch und gab das Fanal zu einem »Palladian Revival«. Daß es auch das Fanal zu einer Erneuerung der europäischen Gartenkunst sein sollte, konnte er nicht wissen.

Chiswick House ist ein Nachbau von Palladios Villa Rotonda in Vicenza (1550/51). Allerdings war Burlington nicht daran gelegen, das Vorbild originalgetreu wiederzugeben. Wie Palladio die Bauten der Antike kopierte Burlington die Villa Palladios nicht einfach, beide bemühten sich vielmehr darum, den Geist ihrer historischen Muster aufzunehmen und mit den Bedürfnissen und Idealen der eigenen Zeit zu verbinden. Sie überführten die alten Formen in zeitgemäße Entwürfe und gaben damit der Baukunst neue Impulse. Dahinter stand der Wunsch, noch einmal an die Hochkultur der Antike anzuknüpfen, um der Gegenwart eine bessere Alternative vorzuführen.

Die Kuppel der Villa Rotonda ist nach den auf Geometrie, klassischer Proportionenlehre und Zahlenharmonie basierenden Gesetzen der italienischen Renaissancearchitektur entworfen, so daß Bau und Kuppel im Aufriß, also in einem idealen Blick auf die Fassade, eine wohlproportionierte Einheit bilden. Steht man allerdings unmittelbar vor dem Gebäude, ist die Kuppel kaum zu sehen. Burlington wollte dagegen, daß sein Villennachbau auch im Vorhof so wirkte, wie das Original gedacht war. Um dieses Effekts willen verkleinerte er den Portikus, während er die Kuppel vergrößerte. Er störte bewußt die Gesetze der Proportion, um den Eindruck einer gelungenen Proportion zu erzeugen. Es ging ihm nicht darum, Palladios Bau in England wiedererstehen zu lassen, er wollte vielmehr aller Welt das Bild vorführen, das er sich von ihm gemacht hatte. Chiswick House ist mehr Reminiszenz als Kopie, es steht nicht für sich, sondern für eine Idee. Auch für die Größe des Hauses gilt: nicht das Maß zählt, sondern das Bild, der malerische Effekt. Außerdem brauchte der Lord nicht mehr Platz. Die Villa war kein eigenständiges Haus, sondern lediglich ein Anbau (das alte Landhaus ist inzwischen allerdings abgerissen worden).

Wie es sich für Männer seines Standes gehörte, war der junge, brilliante und überaus reiche Lord Burlington 1714 zu einer Grand Tour nach Italien aufgebrochen. Hunderte von Kisten voller Bilder, Zeichnungen und Schriften hatte er im Gepäck, als er 1715 heimkehrte. Schon bald, im Sommer 1719, fuhr er wieder nach Italien. Diese zweite Italientour war ganz dem Studium Palladios gewidmet. Diesmal brachte er nicht nur einen Teil von dessen Nachlaß mit nach Hause, sondern auch den Entschluß, selbst eine palladianische Villa zu errichten, und einen jungen, unbekannten Maler, der ihm dabei helfen sollte: William Kent (1684–1748), der seit 1709 in Rom gewesen war. Er hatte sich als Bühnenbildner und Kutschen-

William Kent: Vorstudie für die Halle von Chiswick House
(Stich von P. Fourdrinier, 1727)

maler durchgeschlagen, bis einige adelige Herren
seine Begabung erkannt und ihn zur weiteren Ausbil-
dung nach Italien geschickt hatten. Er stattete Chiswick House mit Möbeln und Deckengemälden aus,
vor allem aber beriet er Burlington bei der Konzep-
tion eines Gartens, der zu diesem Bau paßte. Der

»Apollo der Künste« hatte seinen Priester gefunden, wie Horace Walpole bemerkt hat.

Die Villa wurde wohl 1729 fertiggestellt. Von den Größenverhältnissen abgesehen, befolgt der Entwurf im Prinzip die Regeln, die Palladio für den Villenbau formuliert hatte. Von innen wirkt die überhöhte Kuppel noch unangemessener als von außen. Die Halle, über der sie sich wölbt, ist zu eng und viel zu hoch. Das war der Preis, den der Architekt bezahlte, da es ihm weniger auf die Proportion der Innenräume als auf die Wirkung der Außenansicht ankam. Im Norden schließt sich eine Flucht von drei Räumen an die Halle an. Sie nimmt den Ort ein, den Palladio für die Loggia vorgesehen hatte, eine luftige Galerie, die in Chiswick der widrigen Wetterverhältnisse wegen allerdings verglast werden mußte. Die kunstvollen Blattornamente der korinthischen Säulenkapitelle verbinden die Galerie mit dem Garten, auf den man durch die Fenster schaut.

1727 begann Burlington mit Kents Hilfe, den Garten (bei dessen erster Umgestaltung um 1715 ihn der Dichter Alexander Pope beraten hatte) nach der Villa auszurichten. Zunächst hatte er vor, seine neue alte Villa mit einem Garten zu umgeben, wie es ihn zur Zeit der Antike hätte geben können. Das war konsequent. Mit den Bauten der Renaissance verband man immer auch den Geist der Antike, jener untergegangenen Kultur, deren künstlerische Höhe ebenso legendär war wie ihre politischen Errungenschaften. Die Antike stand für die Idee der Demokratie und des Widerstands gegen die Tyrannei. Man wußte aus der Literatur von ihrer hochentwickelten Gartenkultur. Burlington unterstützte Versuche, solche Gärten (etwa den des Plinius) auf der Grundlage ihrer literarischen Beschreibungen zu rekonstruieren.

Die Villa von Chiswick stieß an der Gartenseite an ein regelmäßig angelegtes Wäldchen, aus dem Burlington Blickschneisen und Lichtungen herausschneiden ließ. An die Stelle der Übersichtlichkeit, die die Französischen Gärten auszeichnet, trat ein Nebeneinander unterschiedlich gestalteter Gartenräume. Mit antiken Gärten hat diese Anordnung wenig zu tun, aber mit Hilfe von Säulen und Skulpturen (die Burlington zum Teil von der Grand Tour mitgebracht hatte) sowie kleiner Gartenbauten, die an klassische Tempel und Tore erinnerten, ließ sich eine Stimmung erzeugen, die dem Bild entsprach, das man sich in dieser Zeit von der Antike gemacht hatte. 1728 ließ Burlington als Blickfang eine halbrunde Lichtung aus dem Wäldchen schneiden (die sogenannte EXEDRA), in der Statuen von Sokrates, Lykurgos und Lucius Verus aufgestellt wurden, drei berühmten Kämpfern gegen die Tyrannei. Gemeint war damit wohl nicht nur Ludwig XIV., sondern auch Robert Walpole, der bis zu seinem Rücktritt im Jahr 1742 immer mehr Macht an sich riß, wodurch sich Männer wie Burlington um die ihnen zustehenden politischen Funktionen betrogen fühlten. Diesem Thema begegnet man immer wieder in den Landschaftsgärten der ersten Generation. Das Antikenzitat genügte sich nicht selbst, es hatte stets einen aktuellen Bezug. Dabei unterschied man nicht zwischen den Originalen der Griechen, den römischen Kopien und den Adaptionen der italienischen Renaissance. Es ging um das, was ihnen allen – zumindest in den Augen englischer Grand Touristen – gemeinsam war: eine Hochblüte der Kultur und das Modell eines Gesellschaftsentwurfs, der auf Freiheit und Selbstbestimmung basierte.

Diese Idee beförderte die Verbreitung antiker Tempel in den Gärten. In einem solchen Gartentempel hatten die drei Statuen der EXEDRA ursprünglich ihren Platz. Burlington ließ ihn in einem kleinen Orangenhain errichten. Es ist der schönste und stimmungsvollste Ort von Chiswick, ein geschlossener, fast intimer Gartenraum. Nach dem Vorbild römischer Amphitheater steigen Rasenterrassen an, auf denen Orangenbäume in Terrakottatöpfen stehen. Sie umschließen einen Teich, aus dem ein Obelisk aufragt. Der Rundtempel aus Backstein an der Westseite des Amphitheaters erinnert mit seinem vorgebauten Portikus an das Pantheon in Rom. Daß er sehr klein ist, tut der Stimmung keinen Abbruch, und die Anspielung genügt, um den Geist des alten Rom zu beschwören. Und darum ging es, beim Bau der Villa von Chiswick ebenso wie beim Entwurf des dazugehörigen Gartens.

Auf die Dauer gab sich Burlingtons künstlerischer Berater William Kent mit dem Antikenzitat in symmetrischen Gartenräumen offenbar nicht zufrieden. Zu dem Geist der Freiheit, der von den klassischen Gebäuden und Skulpturen ausgehen sollte, stand die gekünstelte Zucht der formalen Gartenkunst im Widerspruch.

Kent begann, geometrisch geformte Wasserbecken zu beseitigen, überließ die Bäume ihrem freien Wuchs und bemühte sich zunehmend, den Gartenszenen einen Anschein von Natürlichkeit zu verleihen. Das gelang ihm vor allem am See westlich der Villa. Das leicht gekrümmte Gewässer, dessen schwingende, unregelmäßige Uferlinien bewußt nicht begradigt wurden, sieht aus wie ein Fluß. Burlington nannte ihn BRENTA, nach jenem Fluß im Veneto, an dessen Ufern Palladio einige seiner schönsten Villen errichtet hatte. So entstand im Zusammenspiel von Architektur und Garten ein begehbares Landschaftsbild, das Burlington, Kent und andere Grand Touristen an die anmutigen Szenen der Campagna oder des Veneto erinnerte, und jene, die nicht in Italien waren, zumindest andeutungsweise mit diesem Bild vertraut machte. Alexander Pope schwärmte: »Ich versichere Ihnen, Chiswick ist für mich das Schönste, was von die-

Orangenhain mit Pantheon (Stich nach einem Gemälde
von Pieter Andreas Rysbrack, um 1729)

ser glorreichen Sonne jemals beschienen worden ist.«
    Den Zufluß des Sees verwandelte Kent in eine Kas-
kade, deren urwüchsig-ruinöses Aussehen den natürlichen Charakter der Szene unterstreichen sollte. Den
besten Blick auf dieses künstlich entstandene Natur-
bild hat man von einer Brücke aus, der CLASSICAL
BRIDGE, die ihre klassizistische Gestalt allerdings erst
nach Burlingtons Tod erhalten hat. Denn die Arbeiten in Chiswick gingen weiter. Bis weit ins 19. Jahrhundert hinein trieben Burlingtons Erben die Naturalisierung des Villengartens voran. Geblieben ist das
harmonische Nebeneinander formaler und unregelmäßiger Partien, die Keimzelle der Gartenrevolution
des 18. Jahrhunderts. William Kent war der erste, der
der Kunst im Garten den Anschein von Natürlichkeit
verlieh, um stimmungsvolle Bilder zu erzeugen. Und

Pieter Andreas Rysbrack:
Gartenszene in Chiswick (um 1728)

er wurde, wie alle Revolutionäre, von seinen Nachfol-
gern, die weiter waren als er, bald kritisiert. Horace
Walpole nannte ihn zwar den »Vater der modernen
Gartenkunst«, bemerkte aber auch: »Nachdem Kent
die handwerksmäßige Gartenkunst verbannt hatte,
wußte er, gleich andern Reformatoren, nicht an der
rechten Gränze stille zu stehen.«

Francis Jukes:
Strawberry Hill (1781)

›Gothic Revival‹
oder Das Haus zum Buch

STRAWBERRY HILL, TWICKENHAM

Horace Walpole, Earl of Orford, war der Inbegriff dessen, was man im 18. Jahrhundert »witzig« nannte – ein Exzentriker, der sich weniger nach Moden richtete, als daß er selbst Moden initiierte, geistreich, gebildet und schnell. Sein Vater war kein Geringerer als Sir Robert Walpole, jener übermächtige Kanzler, der zwanzig Jahre lang an der Spitze der Whigs stand und, gestützt auf das Vertrauen der beiden ersten Georges auf dem britischen Thron, die Politik Großbritanniens dominierte. Standesgemäß wurde Horace in Eton und Cambridge erzogen und anschließend auf Grand Tour geschickt. 1741 kam er zurück. Dazu bestimmt, in die übergroßen Fußstapfen des Vaters zu treten, bekleidete er pflichtbewußt verschiedene Ämter, blieb aber immer Schöngeist, Grübler, Liebhaber der Künste und Schriftsteller.

Als Walpole sich 1747 nach einem Landgut umsah, fiel die Wahl auf Twickenham. Alexander Pope war drei Jahre zuvor gestorben, seine Villa in Twickenham, in deren Garten der Freund Lord Burlingtons mit natürlichen Formen experimentiert hatte, längst eine vielbesuchte Attraktion (von der heute allerdings kaum etwas übrig ist außer einem Pub mit dem Namen *Pope's Grotto*). Sogleich machte sich Walpole an die Umgestaltung seines Gartens.

Obwohl Horace Walpoles Strawberry Hill erst

einige Jahrzehnte nach Burlingtons Chiswick House entstand und von der Gartenanlage nicht viel erhalten ist, lohnt sich der Abstecher nach Twickenham. Auch hier war es vor allem die Architektur, die die Kunst der Landschaftsgärtnerei beeinflußt hat.

Bei aller Bewunderung für Lord Burlington mochte Walpole das edle Antikenwesen von Chiswick nicht. In Strawberry Hill entwarf er eine Alternative. In einem Brief von 1749 zitiert er die Bibelstelle: »Wofern du ein neues Haus baust, so sollst du einen Zinnenkranz auf dein Dach setzen, auf daß du kein Blut über dein Haus bringst, wenn einer von dort abstürzt.« Walpole kamen dabei offenbar die mittelalterlichen Burgen und Festungen in den Sinn, von denen es in England so viele gab.

1751 entschied sich der Bauherr Horace Walpole »to go gothic«, wie er wiederum in einem seiner vielen Briefe mitteilte. Nicht an die Antike wollte er anknüpfen, sondern an die graue Zeit seiner Vorväter, an das unerforschte mittlere Zeitalter zwischen der Hochkultur der Alten und den Errungenschaften der Gegenwart, umgeben vom Nebel des Fremden und vom Nimbus des Düsteren, Unheimlichen und Rohen. Aber auch an der vermeintlich rohen Natur, an der freien Landschaft mit ihren dunklen Wäldern und schroffen Felsen hatte man neuerdings sein Vergnügen. Man baute sogar Gebirge, Felshöhlen und düstere Waldgrotten nach, alle Spielarten der Natur konnten den Gartengestaltern als Vorbild für ihre künstlichen Landschaftsszenen dienen. Warum sollte man sich nicht auch an einer Architektur erfreuen, die ähnliche Gefühle auslöste wie ein Wasserfall in einer feuchten Grotte oder eine verschattete Felsspitze im Park? Dem »Palladian Revival« und dem damit einhergehenden »Greek Revival« seiner Zeit antwortete Walpole mit einem »Gothic Revival«.

Wie Chiswick House steht Strawberry Hill am Anfang einer Mode, die die Architekturgeschichte nachhaltig beeinflußt hat. Zuerst aber blühten beide Moden in den Landschaftsgärten auf, die sie belebten, denen sie aber auch Sinn und tiefere Bedeutung gaben. Klassische und klassizistische Tempel, Tore und Säulen standen für das Schöne, Wahre und Gute, für politische Größe und für die Weisheit und Vollkommenheit, die einst schon errungen war und wieder verlorenging. Das Gotische wurde dagegen zum Symbol von Freiheit und Naturverbundenheit. Es erinnerte an eine ferne Zeit, in der die Briten selbstbewußt und selbstbestimmt ihre Insel kultivierten.

Außerdem erkannte man in den gotischen Spitzbögen und Rippengewölben genau jene Formen wieder, die man gerade an der Natur zu schätzen gelernt hatte: das Schroffe und Hohe, das Dunkle und Unregelmäßige, alles, was sich nicht den klassischen Gesetzen der Proportionen unterordnete. In den Bauten der Gotik schien die Natur in ihrer ganzen Ursprünglichkeit als künstlerische Form noch einmal aufzuleben. Viele vermuteten den Ursprung der Gotik in fernen Weltgegenden, in Indien, in Arabien oder im Land der Sarazenen. Das stimulierte die Phantasie. Man wußte noch nicht, daß die Bögen, Streben und Säulenbündel aus statischer Notwendigkeit entstanden waren, hielt sie für reine Ornamente, für einen gelungenen Versuch, die Effekte der Natur nachzuahmen – also für genau das, was man in den neuen Englischen Gärten zum künstlerischen System verfeinerte. Man unterstellte der alten gotischen Architektur den pittoresken Scheincharakter, den die Bauten der Neugotik hatten. Jane Austen wird nachgesagt, sie habe ernstlich geglaubt, die englischen Klöster seien nur um des malerischen Effekts willen geschleift worden.

Horace Walpole hat das »Gothic Revival« nicht erfunden. Aber er hat so viel wie kein anderer für seine

Popularität getan. In Strawberry Hill steigerte er sich über Jahrzehnte in die Welt des Gotischen hinein. Dabei ging er planmäßig vor. Im Frühjahr 1750 gründete er zusammen mit dem Maler Richard Bentley, genannt »The Goth«, und John Chute the Vyne das *Committee of Taste*. Dessen Aufgabe bestand in der »Gotisierung« von Strawberry Hill. Architekt war keiner von den dreien. Aber Strawberry Hill ist auch weniger ein Monument der Architekturgeschichte als ein Zeugnis des literarisch-verspielten Geistes, der in den Landschaftsgärten des 18. Jahrhunderts gedieh und mitunter seltsame Blüten trieb. An der Fassade von Strawberry Hill verkündet heute eine Plakette: »Horace Walpole. 1717–1797. Man of Letters. Lived here«. Doch Horace Walpole wohnte nicht nur in Strawberry Hill, der Bau wurde zum alles bestimmenden Mittelpunkt seines Lebens.

Der enge, wenig einladende Eingang zum Haus befindet sich an der sonnenlosen Nordseite hinter einer zinnenbekrönten Mauer. Die Halle ist düster und etwas unheimlich. Zu Walpoles Zeiten war die einzige Beleuchtung in diesem Raum eine Laterne mit farbigen Gläsern, deren matt flackernde Lichtspiele die grauen Steinmauern zum Tanzen brachten. Im Halbdunkel konnte man nicht sehen, daß es nur Tapeten waren, auf die der Stein mit dick aufgetragener Farbe gepinselt war. Aber auch dieses Wissen hätte nichts daran geändert, daß den Besuchern ein Schauer über den Rücken lief. Man wußte natürlich, wo man war, aber man konnte sich, wenn man wollte, so fühlen, wie sich die Ankömmlinge in einer mittelalterlichen Burg dereinst gefühlt haben mußten. Und das war der Zweck der Inszenierung.

Walpole nannte sich selbst einen Architekten mit Kleister und Schere. Er entwarf Tapeten, die Raumtiefe vortäuschen; er ließ neue Mauern aussehen, als seien sie jahrhundertealt; wuchtige Kamine erinnern

Richard Bentley:
Kaminentwürfe für Strawberry Hill

an vergangene Zeiten – daß sie aus Holz sind und nie
benutzt werden konnten, störte den Effekt nicht. Es
gibt in Walpoles Burg ein Oratorium, einen Kreuz-
gang, ein Refektorium und eine von einem prächtigen, mittelalterlich anmutenden Gewölbe über-
spannte Galerie. Jeder Raum ist ein neues Erlebnis,
das Ganze ein Sammelsurium aus Zitaten und Verweisen, Kopien und Klischees, vor allem aber ein
phantastisches Spiel mit Stimmungen und Wirkungen. Der Kamin im Großen Salon ist eine Nachbil-
dung des Grabs von Edward dem Bekenner in West-
minster, die Fensterrosette von Old St. Paul's diente
als Vorlage für die Deckengestaltung. An der Decke
der Bibliothek ließ Walpole altgotische Schriftzüge
anbringen; in einem anderen Zimmer findet man sich
unvermittelt im Chor der Kathedrale von Rouen wieder. Was immer seine gotische Phantasie anregte, verwandelte Walpole mit Säge und Pinsel in Bauteile,
mit denen er seine Burg vervollkommnete. Jedes De-
tail hat seine Geschichte oder eine Geschichte, die
der Literat Walpole ihm andichtete. In diese Welt der
Täuschungen und Illusionen paßt eine Gemäldesammlung, in der drei Originale neben über vierzig Kopien
hängen.

Natürlich galt Walpoles gotischer Ehrgeiz nicht nur der Innenausstattung, sondern auch der äußeren Gestalt und der Umgebung seines Hauses. Selbst die Kühe im Garten wurden nach Farben ausgesucht. Besonders zufrieden war der Schloßherr mit dem sogenannten BEAUCLERC TOWER, den er 1776 nach dem Vorbild von Thornburry Castle in Gloucestershire errichtete. Er schrieb dazu: »Ich habe diesen kleinen Turm höher aufgeführt als den runden, und das macht einen ausnehmend hübschen Effekt, wie er die langgezogene Linie des Hauses pittoresk unterbricht und ungemein alt aussieht.«

Walpole begann allmählich, nicht nur in diesem Haus, sondern in der Welt zu leben, die es zitierte (was ihn nie daran gehindert hat, selbst Witze über die Miniaturkopien zu machen, aus denen sein »Cheesecake-House« zusammengesetzt war). Gern kleidete er sich gemäß der Verkleidung seiner Gemäuer. »Tretet leise auf!« ermahnte er Besucher, »Ihr tretet auf meine Träume.« In der Nacht vom 4. auf den 5. Juni 1764 hatte Walpole tatsächlich einen Traum, in dem sich die Geschichten, aus denen er seine Inspiration bezog, verselbständigten. Vor allem das Treppenhaus von Strawberry Hill, das Walpole immer besonders am Herzen lag, spielte darin eine Rolle. Aus diesem Traum wurde der Roman zum Haus, eine Geschichte, in der mittelalterlichen Menschen allerlei wundersame Dinge widerfahren. Im Roman konnte Walpole seiner überbordenden Einbildungskraft vollends freien Lauf lassen. Zu Weihnachten 1764 erschien *Die Burg von Otranto. Eine gotische Geschichte.* Einige Monate später schrieb Walpole an einen Freund: »Soll ich Dir gestehen, was der Ursprung dieser romanhaften Geschichte gewesen ist? Ich erwachte eines Morgens … aus einem Traum, von dem ich nur soviel zurückbehalten habe, daß ich mich in einem alten Kastell wähnte (ein sehr natürli-

38

Edward Edwards:
Strawberry Hill, Treppenhaus (1784)

cher Traum für einen Kopf, der so wie der meine mit
gotischer Historie vollgestopft ist) und daß ich dabei
auf dem obersten Geländer eines mächtigen Treppen-
hauses eine riesenhafte, gewaffnete Hand aufruhen
sah… Du wirst über meinen Ernst lachen. Wenn ich
Dir aber die Zeit mit einer leidlich getreuen Schilde-
rung der Sitten in den alten Zeiten vertrieben habe,
bin ich es zufrieden, und Du magst mich dann für kindisch und unnütz halten, wie es Dir beliebt.«

Nicht wenige hielten das, was Horace Walpole in
Strawberry Hill trieb, für kindisch und unnütz. Aber

John Carter:
Strawberry Hill, Holbein-Zimmer (1788)

Walpoles gotische Träume leben aus einem Spiel mit
dem Ernst. Die falschen Kamine und blinden Türen
seines Hauses sind ebenso wie die abenteuerlichen
Erlebnisse der mittelalterlichen Menschen in seinem
Roman Facetten einer großen Illusion. Vertrauen in
diese Illusion und der Wille, sich ihr hinzugeben,
gehören zu Strawberry Hill, das vor allem ein Spiel
mit Stimmungen und Gefühlen, mit Utopien und

Möglichkeiten ist. Viele haben sich für Walpoles Spiel ernsthaft begeistert. Sie besuchten seine Burg und lasen seinen Roman, der bis 1800 in zwanzig Auflagen erschien. Einer ganzen Generation junger Schriftsteller wurde er zum Vorbild. Hunderte von »gotischen« Erzählungen entstanden. In Deutschland nannte man sie Schauerromane.

Es lag nahe, daß die phantastische literarische Leistung Walpole wiederum beflügelte, sein wichtigstes Werk noch einmal voranzutreiben. Nach 1765 baute er weiter in Strawberry Hill. Er begann, seine Burg an der Themse dem Ort anzugleichen, von dem sein Roman erzählte. Selbst nach Walpoles Tod fand die Dynamik des »Gothic Revival« in Strawberry Hill kein Ende. Um die Mitte des 19. Jahrhunderts hatte sich das Bauen im gotischen Stil auch außerhalb der Gärten weitgehend durchgesetzt. Zu dieser Zeit gelangte Walpoles Burg in den Besitz von Lady Frances Waldegrave, die beherzt weiterbaute. So wurde das Haus am Ende Opfer der Mode, die es ausgelöst hat. In seiner heutigen Gestalt ist Strawberry Hill nur noch im Kern das älteste neugotische Wohnhaus Europas. Es ist wohl auch der einzige neogotische Bau, der später noch einmal »gotisiert« worden ist.

William Kent: Die Landschaft von Rousham
mit gotischem »Eyecatcher« (um 1740)

Grand Tour en miniature
oder Von den Überraschungen der Serpentine und des Haha

ROUSHAM, OXFORDSHIRE

In Chiswick und Strawberry Hill lassen sich in unmittelbarer Nachbarschaft die architektonischen Grundformen besichtigen, mit denen die entstehenden Landschaftsgärten vervollständigt wurden. Das Verbindende blieb immer die Natur, die freilich genauso künstlich war wie die antiken Tempel und gotischen Mauern. Man war mit dieser Verbindung von alten Bauten und idealisierten Naturszenen aus der Landschaftsmalerei vertraut. Die Bilder Jacob van Ruisdaels, Poussins, Claude Lorrains und Salvator Rosas (der sich auf wilde Naturbilder spezialisiert hatte) bildeten den Grundstock vieler bedeutender Sammlungen. Sie dienten als Vorlagen für die Nachahmung der Natur im Garten.

Griechische Tempel und gotische Ruinen, Miniaturpantheons und mittelalterliche Pavillons schossen wie Pilze aus dem Boden, der zuvor nach den Kompositionsregeln der Landschaftsmalerei umgepflügt und umgestaltet worden war. Selten hatten diese Gebäude die Ausmaße von Chiswick House oder Strawberry Hill (die ja auch schon kleiner waren als die Vorbilder, denen sie nacheiferten). Meist war die Architektur im historischen Gewand nicht nur in ihren Wirkungen, sondern auch in ihren Maßen den Kunstlandschaften angepaßt, in die sie gestellt wurden. Die Nachahmung der Natur kam ohne eine Manipulation der Wahrnehmung nicht aus. Die Landschaftsgärtner setzten darauf, daß Anspielungen genügten, um die Phantasie der Besucher in die gewünschte Richtung zu lenken. Das galt für die Natur im Garten ebenso wie für die Gebäude. Ein Meilenstein in der Geschichte dieses anregenden Spiels mit der Wahrnehmung ist der Garten, den William Kent ab 1738 in Rousham angelegt hat.

»Kentissime!« rief Horace Walpole aus, als er in das kleine, versteckte Paradies in den sanften Hügeln Oxfordshires kam. Hier konnte Kent nach den Vorarbeiten von Chiswick zeigen, wie er sich eine von der Antike beseelte Ideallandschaft vorstellte. 1738 wurde er von den Brüdern General James und Colonel Robert Dormer berufen, um den Landsitz Rousham zeitgemäß zu gestalten. Zunächst baute Kent das Haus um. Er fügte niedrige Seitenflügel hinzu und entwarf die Stallgebäude. Die Nischen und Ecken in den neuen Fassaden wirken ein wenig fremd, ein bißchen gotisch und ein bißchen klassisch zugleich. Beide Stile haben Kent inspiriert. An der Ostseite des Parks finden sie sich in seltener Eintracht beieinander: Vor einem PALLADIAN DOORWAY plazierte Kent hier einen GOTHIC SEAT. Gewöhnlich sind gotische und klassische Gebäude in den Englischen Gärten voneinander separiert und in Landschaftsszenen zu finden, die dem Charakter der Bauten jeweils angepaßt sind (wobei als Faustregel gilt: Felsen und dunkler Koniferenwald für die Gotik, lichte Laubhaine für die Klassik; auch darin folgten die Landschaftsgärtner den Gepflogenheiten der Landschaftsmalerei). Allerdings überwog bei dem Grand Touristen und Italienliebhaber Kent stets das Klassische.

Am Haus vorbei gelangt man zunächst auf eine große Rasenfläche, den sogenannten *Bowling Green.* Er war 1720 angelegt worden. Kent ließ ihn fast unberührt, und doch gab er ihm eine neue Bedeutung.

Das Haus im Rücken, blickt man von hier aus in die Landschaft wie auf ein Landschaftsgemälde: Ein Rasenhang senkt sich zu einem Fluß hinab, dahinter öffnet sich eine große, weite, von Bäumen umstandene Wiese. Um den malerischen Effekt noch zu unterstreichen, hat Kent etwa eine Meile vom Haus entfernt inmitten eines Feldes einen dreiteiligen Bogengang im gotischen Gewand als Blickfang plaziert. Am Rande des *Bowling Green* ließ er außerdem die Kopie einer Skulpturengruppe aus Tivoli aufstellen, die ein Pferd im Kampf mit einem Löwen zeigt. Kent hat so mit einfachsten Mitteln die Welt für den Betrachter verkehrt. Die Sehnsucht nach dem gelobten Land der Grand Touristen wird zumindest in der Illusion gestillt: Die Gartenbesucher stehen nicht mehr auf englischem Boden und betrachten das Bild eines italienischen Landschaftsmalers, sondern finden sich unvermittelt auf der Terrasse von Tivoli wieder und blicken von ihr aus auf ein Idealbild der heimischen Natur mit malerisch-gotischem Mauerrest. Mit dieser Inszenierung beginnt in Rousham eine Grand Tour en miniature.

Zwei Skulpturenköpfe laden dazu ein, den Wald zu betreten, der den *Bowling Green* auf beiden Seiten begrenzt. Folgt man diesem Wink, enthüllt sich nach und nach eine Kunstwelt, von der Walpole meinte, sie sei »so elegant und antik, als ob sich Kaiser Julian die angenehmste Abgeschiedenheit in Daphnes Nähe ausgesucht hätte, um den philosophischen Rückzug zu genießen«. Kent hat auf diesem Gelände sein Bild von Arkadien in der Wirklichkeit geformt. Schmale, gewundene Wege erschließen den Wald. Mit Kent wird die Wegeführung zu einem der wichtigsten Mittel der Gartengestalter, den Anschein von Natürlichkeit künstlich zu erzeugen und die einzelnen voneinander getrennten Gartenszenen zu einem Ganzen zu verbinden. Mit Hilfe von wohlkalkulierten Wegbiegungen und einer ausgeklügelten Pflanzung von Bäumen und Gesträuch, die nur bestimmte Durchblicke erlaubt, steuert der Landschaftsgärtner, was der Spaziergänger sieht und wann er es sieht. »Die Natur verabscheut die gerade Linie«, hatte Kent festgestellt und Gartenwege entworfen, die keine Gerade kennen und sich immer in der nächsten Biegung verlieren.

Diese »serpentine walks« genannten Schlangenpfade durchzogen bald alle Englischen Gärten. Sie wirkten natürlich und verbargen dem erwartungsvollen Spaziergänger stets, was ihn hinter der nächsten Kurve erwartete. Das sorgte für Spannung und erhöhte die Wirkung der einzelnen Szenen. Vollends ermöglichen die Schlangenpfade einen labyrinthischen Gang durch das Gelände, auf dem man schnell die Orientierung verliert und den Eindruck bekommen kann, der Garten nehme überhaupt kein Ende. Und – auch das hatte Kent beobachtet – die Grenzenlosigkeit ist eines der wichtigsten Merkmale der Natur im Gegensatz zur Kunst. Wer seinem Garten den Anschein von Natürlichkeit verleihen wollte, war also darauf angewiesen, dessen Grenzen zu verbergen. Die gewundenen Wege verwehren den Gartenbesuchern den Überblick. Stets im Ungewissen, was sie noch erwartet, erwandern sie eine potentiell unendliche Serie von Landschaftsszenen unterschiedlichen Charakters. Der alte General Dormer hatte seinen Gärtner John MacClary genau instruiert, wie er den Garten Besuchern zu zeigen habe. Eigentlich wäre das gar nicht nötig gewesen. Die Kombination aus Wegen und Bepflanzung übernimmt im Landschaftsgarten die Führung.

Kents Serpentine führt zunächst an GOTHIC SEAT und PALLADIAN DOORWAY vorbei zu einer Terrasse. Wiederum bietet sich ein schöner Blick in die Umgebung, und wiederum versetzt uns eine Skulpturenkopie nach Italien. Der Ort ist nach Praeneste benannt, der antiken Terrassenanlage von Palestrina (Praeneste) bei Rom. Die Benennung von Tempeln, Szenen und Gebäuden nach ihren Vorbildern war üblich, um der Phantasie der Gartenbesucher auf die Sprünge zu helfen. Erst im Zusammenspiel der Landschaft, der Gartenarchitektur und der Einbildungskraft der Spaziergänger entstanden die arkadischen Welten der Englischen Gärten. Flüsse, die Styx genannt wurden, Waldlichtungen, die Elysium hießen, Tempetäler und als solche ausgewiesene Bacchustempel oder Venusgrotten halfen dabei.

Hinter der PRAENESTE TERRACE verschwindet der Weg wieder im Wald. Während man sich dem Ufer eines achteckigen Teiches nähert, geben die Bäume allmählich den Blick auf eine Kaskadengrotte frei, die von Statuen am Rande einer Lichtung gesäumt wird. Satyrn schauen aus dem Wald, und über der Kaskade thront Venus, die Namenspatronin der Grotte und des Tals, das sie umgibt. Auch für das VENUS VALE gibt es ein italienisches Vorbild: den Park der Villa Aldobrandini bei Florenz.

Der Weg steigt nun ein wenig an. In seiner Mitte windet sich ein kleiner Bach, ein Serpentinenrinnsal, das die natürlichen Kurven des Schlangenpfades belebt. Am höchsten Punkt dieser Geländepartie hat Kent einen idyllischen kleinen Tempel im klassischen Stil errichtet. Er ist der Nymphe Echo gewidmet. Auf einem Altar liegt, in Stein gemeißelt, ein aufgeschlagenes Buch. Von der Bank im Tempel aus schaut man über das Buch hinweg in die Landschaft.

Ein Apoll am Waldrand weist den Weg hinunter zum Fluß Cherwell, der das Grundstück begrenzt. Es ist eine natürliche Grenze, die als solche gar nicht wahrgenommen wird. Aber auch, wo die Natur nicht für eine solche Begrenzung gesorgt hat, dürfen Mauern und Zäune die Illusion der Kunstlandschaft nicht stören. Man brauchte jedoch Mauern, zum Bei-

spiel, um erwünschte Tiere im Garten und uner-
wünschte von ihm fernzuhalten. Hier half ein Trick,
dessen erster Einsatz als die eigentliche Geburts-
stunde des Landschaftsgartens gilt. Horace Walpole
beschrieb ihn so: »Allein der Hauptpunkt, der ent-
scheidende Schritt, der alle folgenden nach sich zog,
… war die Abschaffung der Mauern zur Begränzung
und die Erfindung der Gräben: ein Unternehmen,
welches damals so erstaunlich schien, daß die gemei-
nen Leute sie Hahas nannten, um ihre Verwunderung
auszudrücken, wenn sie ihren Spaziergang plötzlich
auf eine zuvor unbemerkte Weise gehemmt fanden.«

Die Lösung war so einfach wie genial: Man ver-
senkte die Mauern, baute sie in die Tiefe, so daß sie
nur sichtbar waren, wenn man unmittelbar davor-
stand. Das Haha (das Wort hat sich als Fachausdruck
bis heute gehalten) ermöglicht, wo gewünscht, Blicke
in die Umgebung und verbirgt dem Besucher, daß die
Anlage ein Ende hat. Es bringt die Grenze zwischen
Kunst und Natur zum Verschwinden. Unabhängig
von seiner Ausdehnung weitet sich der Garten am
Haha in der Wahrnehmung der Spaziergänger ins Unendliche.

Es ist eine Ironie der Gartengeschichte, daß sich
die erste Erwähnung des Hahas ausgerechnet bei
einem französischen Autor findet, in Antoine Joseph
Dézallier d'Argenvilles *La Théorie et la pratique du jar-
dinage* von 1709. Das Buch wurde 1712 ins Englische
übersetzt, und es soll schon in diesem Jahr in Blenheim ein Haha gegeben haben. Spätestens Ende der
dreißiger Jahre gehört das Haha zum festen Bestandteil aller neuen Gärten. Auch der Park von Rousham
ist, wo der Fluß nicht die Funktion eines natürlichen
Hahas übernimmt, auf diese unsichtbare Weise von
seiner Umgebung separiert.

Der Weg folgt eine Weile dem Flüßchen Cherwell.
Dann, plötzlich, geben die Bäume einen Durchblick

auf das Haus frei. Das überrascht. Denn im Auf und Ab der Schlängelei des Gartenwegs hat man mittlerweile die Orientierung verloren. Auf den folgenden Metern führt Kent eindrucksvoll vor, daß er Herr über den Gartenraum ist und daß in seinen künstlichen Landschaften nichts dem Zufall überlassen bleibt. Die Höhepunkte des soeben durchwanderten Programms werden in rascher Folge noch einmal gezeigt: zuerst das Haus, wenige Meter weiter sieht man die PRAENESTE TERRACE wieder, dann nacheinander die beiden Kaskaden des VENUS VALE. Man erkennt erst jetzt, in welchem räumlichen Verhältnis diese Szenen zueinander stehen und daß die PRAENESTE TERRACE auf mediterran wirkenden Arkaden ruht, die wiederum eine Terrasse bilden. Von hier aus hat man den schönsten Blick des Gartens über eine Flußwindung hinweg in die freie Landschaft. Hier, unter Kents Arkaden, umgeben von klassisch anmutenden Landschaftsszenen, ist man endgültig in Arkadien angekommen.

Der Weg verschwindet noch einmal im Wald, der weitere kleine Gebäude verbirgt, und führt am Ende wieder zum *Bowling Green*, den man nun von der anderen Seite her betritt – vielleicht nicht unbedingt weiser als zuvor (wie die Eule unter dem Statuenkopf nahelegt), aber doch aufs angenehmste unterhalten von einer idealen Landschaft, die man nicht nur wie ein Gemälde betrachten, sondern wie die Welt selbst begehen und erleben kann.

Stourhead. Blick in den Garten
(Aquarell von C. W. Bamphylde, 1775)

Aeneas in Wiltshire
oder Auch ich in Arkadien

STOURHEAD, WILTSHIRE

Die Englischen Gärten spielen mit der Erwartungs-
haltung der Spaziergänger, die zu Zuschauern einer
Landschaftsinszenierung werden. Die sich schlän-
gelnden Gartenwege sorgen für die Dramaturgie.
Kent machte dabei vor allem die Reiseeindrücke der
Grand Tour und die Landschaftskompositionen der
Malerei zum Thema. Aber die Kompositionsregeln
der Landschaftsgärtnerei eigneten sich auch dazu,
Geschichten zu erzählen, die die Besucher auf ihrem
vorgegebenen Rundweg in der Phantasie nachvollzie-
hen sollten.

Der Vergleich des Gangs durch einen Englischen
Garten mit der Lektüre eines Buchs war im 18. Jahrhundert gang und gäbe. Noch Fürst Pückler meinte:
»Ein vollkommener Park oder mit anderen Worten:
eine durch Kunst idealisierte Gegend, soll gleich
einem guten Buche, wenigstens eben soviel neue Ge-
danken und Gefühle *erwecken*, als sie ausspricht.« Der
Spaziergänger in der Kunstlandschaft ist Leser und
literarischer Held zugleich. Er erfährt nicht nur, was
anderen widerfahren ist, er erlebt es selbst. Nirgends
ist diese Möglichkeit des Landschaftsgartens konse-
quenter durchgespielt worden als in Stourhead.

Hatte Kent in Chiswick eher auf die Nachahmung
der Antike als auf die der Natur gesetzt, so war es in
Rousham gerade umgekehrt. In Stourhead fällt bei-
des gleichwertig zusammen. Zumindest ist das früher

51

so gewesen. Einer der späteren Besitzer von Stourhead bemerkte, er schätze keine »nature overcrowded with buildings«. Gebäude wurden abgerissen und zusätzliche Bäume gepflanzt. Seit dem 19. Jahrhundert ist Stourhead ein Paradies für Dendrologen und Liebhaber von Rhododendronbüschen. Viel von dieser üppigen Bepflanzung muß man sich allerdings wegdenken, wenn man das ursprüngliche Programm von Stourhead erleben will.

Der Bankier Henry Hoare hatte hier bereits 1717 ein Landhaus mit palladianischen Zügen errichten lassen. Sein Sohn, ebenfalls ein Henry Hoare und ebenfalls Bankier, zog sich im Alter von sechsunddreißig Jahren nach Stourhead zurück. Auch der junge Henry Hoare (1705–1785) war auf Grand Tour. Im September 1741 kehrte er zurück. Bald danach begann er mit dem Entwurf seines Gartens, eines geschlossenen, ganz sich selbst genügenden Landschaftskunstwerks. Hügel schließen es ringsum von der umliegenden Gegend ab. Vom Haus ist es völlig unabhängig, auch einen Vorgängergarten gab es an dieser Stelle nicht. Das Dorf mit seiner mittelalterlichen Kirche hat Hoare in sein Verweissystem aus Blickachsen und Sichteffekten einbezogen.

Beim Betreten des Gartens fällt zuerst ein strahlend weißes PANTHEON ins Auge. Um es zu erreichen, muß der Wanderer einen zwei Meilen langen Weg um einen See nehmen, auf dem ihn eine Folge von Landschaftseindrücken, Architekturzitaten und literarischen Anspielungen erwartet. Mit dem Antikenzitat des PANTHEON korrespondieren ein TEMPLE OF FLORA mit vier tuskischen Säulen und ein runder TEMPLE OF APOLLO. Alle drei sind nur in genau berechneten Momenten sichtbar. Durch diese Sichtbeziehungen ergibt sich ein komplexes System von Botschaften, wenn man will: ein Text, dessen Lektüre einiger Vorbildung bedarf. Entsprechend trägt der

TEMPLE OF FLORA (die erste Station auf der Reise um den See) das *Aeneis*-Zitat: »Procul, O procul este profani« (»Bleibe fern, wenn du nicht eingeweiht bist.«). Diese Worte spricht die Sybille zu Aeneas, als dieser sich (im vierten Buch von Vergils *Aeneis*) in die Unterwelt begibt.

Über mögliche Bedeutungsschichten von Henry Hoares bildungsgesättigtem Gartenprogramm streiten Gelehrte seit Jahrzehnten. Das braucht den Spaziergänger durch diese Kunstwelt nicht weiter zu stören. Jeder erlebt, was sich ihm erschließt. Das gehört zum Wesen des Landschaftsgartens (wie zu jeder Lektüre). Und Henry Hoare hat durch vielerlei Anspielungen dafür gesorgt, daß man die Geschichte schon versteht, die er erzählen wollte.

Als erstes staute er den Fluß Stour (dem der Ort seinen Namen verdankt), um den See zu gewinnen, das Herz der Anlage. Beim Entwurf der Bauten half Henry Flitcroft, ein Protegé Lord Burlingtons und Freund William Kents. 1746 war der TEMPLE OF FLORA fertig. Ursprünglich war er Ceres gewidmet, der alten Göttin des pflanzlichen Wachstums. Das PANTHEON (1753/54) trug zunächst den Namen TEMPLE OF HERCULES. Neben Herkules, der wegen des Raubs der goldenen Hesperiden-Äpfel mit der Gartenkunst in Verbindung gebracht wurde, beherbergt er Statuen der Garten-Göttin Flora, der Jagd-Göttin Diana und der ägyptischen Göttin Isis. Es scheint, als sei es Henry Hoare anfangs darum gegangen, die neue Naturverbundenheit durch mythologische Verweise zu bebildern und verschiedene Formen der Naturfrömmigkeit in seinem Garten wiederzubeleben. Auch die Blickbeziehungen zwischen der christlichen Dorfkirche und den Tempeln der antiken Naturreligion sprechen dafür. Aber Kirche und Tempel stehen auch für moralische Instanzen. Und bald überwog die ehrende Inszenierung erhabener Helden die naturreligiöse Feier in Stourhead. Neben Herkules begegnet man auf dem Weg um den See zum Beispiel dem angelsächsischen König Alfred und immer wieder dem Trojaner Aeneas, dessen jahrelange Irrfahrt in Italien endete, wo seine Nachkommen Rom gründeten. Und daß der Geist Roms über dieser Landschaft schwebt, hat schon der erste Blick in den Garten unmißverständlich klargemacht.

Wer vor dem TEMPLE OF FLORA steht, sieht linkerhand über dem See den TEMPLE OF APOLLO, rechts das PANTHEON. Der Weg in Richtung PANTHEON führt zunächst durch lichten Laubwald. Bald aber ändert sich die Bepflanzung. Koniferen säumen den Weg, der Wald wird dichter. Der Weg senkt sich, Felsbrocken liegen an den Rändern. Am tiefsten Punkt, fast schon auf Höhe des Wasserspiegels, mündet der Weg in ein steinernes Grottentor, hinter dem den Besucher geheimnisvolles Wasserrauschen erwartet. Es ist kühl, dunkel und feucht. Schließlich geht es noch weiter hinab. In einem kleinen Grottensaal lagert eine Nymphe vor einer sprudelnden Quelle. Eine Öffnung im Steinwerk erlaubt einen Blick über den See. In dieser geheimnisvollen Sphäre der Unterwelt stößt man auf ein weiteres Zitat aus Vergils *Aeneis*. Dem unterirdischen Schlangenpfad weiter folgend, steht man unvermittelt einem Flußgott in tosendem Wasser gegenüber, der mit erhobener Hand und ausgestrecktem Zeigefinger den Weg weist. Eine schmale Felsstiege führt aus der Grotte hinaus. Das Rauschen entfernt sich allmählich, die Koniferenbepflanzung wird wieder lockerer, die Landschaft heiterer, offener, lichter.

Nach einer Wegbiegung zeigt sich die stattliche Säulenfront des PANTHEON, nach einer weiteren der ganze strahlend weiße Bau. Er ist der architektonische und geistige Mittelpunkt des Gartens. Von hier aus bietet sich ein weiter Blick über den See, in dem

sich der Himmel spiegelt.
Eine elegante Steinbrücke mit
fünf Bögen (der Nachbau
einer von Palladio entworfe-
nen Brücke in Vicenza) überspannt am gegenüberliegenden Ufer einen Seitenarm des
Flusses, flankiert von TEMPLE
OF APOLLO und TEMPLE OF
FLORA. Umgeben ist das
PANTHEON von rundlich-
geschwungenen Uferpartien,
die allerdings rasch in eine
rauhere Landschaft überge-
hen, wenn man den Weg fortsetzt. Der führt an einer rau-
schenden Kaskade vorbei zu
einer wild zerklüfteten Grot-

ALFRED'S TOWER (1784)

tentreppe und steigt dann steil an, bis er den TEMPLE
OF APOLLO erreicht (der in seiner eigenwilligen Form
einen Tempel in Baalbek imitiert). Er bezeichnet
nicht nur den geographischen Höhepunkt des Gartens, sondern auch die Klimax des dramaturgischen
Programms. Von hier aus – und nur von hier aus –
läßt sich die Landschaft, die man soeben durchwan-
dert hat, als Ganzes überblicken. Um diesen Stand
der Übersicht und Einsicht in die Zusammenhänge
einer verschlungenen Welt zu erlangen, müssen die
einzelnen Stationen des Gartenwegs zuvor durchlau-
fen werden.

Früher sah man in einiger Entfernung außerdem
einen mächtigen Turm im gotischen Stil: ALFRED'S
TOWER. Henry Hoare hatte ihn nach 1762 errichten
lassen, um des lang ersehnten Friedens mit Frankreich zu gedenken und zugleich Georg III. Reverenz
zu erweisen, der zwei Jahre zuvor den englischen
Thron bestiegen hatte. Im Gegensatz zu seinen bei-

den Vorgängern gleichen Namens, die vor allem hannoverische Interessen verfolgt und England dadurch in allerlei kriegerische Auseinandersetzungen verwikkelt hatten, sollte Georg III. endlich wieder »a truly British King« sein – wie sein Vorgänger Alfred der Große (871–899), der die Dänen vertrieb und die angelsächsischen Gesetze sammeln ließ, was ihm den Ruhm einbrachte, der eigentliche Begründer der britischen Verfassung zu sein. Eine Inschrift am Turm ist auf beide gemünzt: »The Father of his people / The Founder of the English Monarchy and Liberty«. – Übrigens weist eine Chronik aus dem 12. Jahrhundert Aeneas als Vorfahren der Briten aus, womit sich auch ALFRED'S TOWER, zumindest lose, an das Heldenprogramm von Stourhead anbinden ließ.

Offensichtlich spielen der Lebensweg des Aeneas und die Stationen der *Aeneis* eine Schlüsselrolle für das Verständnis des Gartens. Sein Lebensweg wird aber aktualisiert: Im Kurzschluß mit der politischen Situation und der Kultur der Gegenwart erhält die alte Geschichte eine neue Bedeutung. Die verschiedenen Hinweise machen dem Wanderer klar: Du bist es, der hier den Weg des Aeneas geht. Auf die *Aeneis* verweisen auch zwei Anspielungen, deren Entschlüsselung einige kunsthistorische Bildung voraussetzt: Der Flußgott, der den Weg aus der Grotte (und zum PANTHEON) weist, ist exakt nach einem Stich von Salvator Rosa mit dem Titel *Tiber und Aeneas* gemeißelt. Und die ganze Anlage scheint sich frei an ein berühmtes Bild des Landschaftsmalers Claude Lorrain anzulehnen. Es hängt heute in der National Gallery in London und zeigt *Aeneas in Delos.* Im Vordergrund kann man die tuskischen Säulen des TEMPLE OF FLORA wiedererkennen, im Hintergrund einen weiteren Tempel, dem das PANTHEON von Stourhead nicht unähnlich ist. Linkerhand öffnet sich das Meer, das in Stourhead zum See geworden ist. Das Verhältnis der

Claude Lorrain:
Aeneas in Delos (1672)

Gartengebäude zueinander stimmt mehr oder weniger mit dem des Gemäldes überein, nur daß Henry Hoare das Bild aufgebrochen hat. Der Reiz des Gartens liegt in der Gestaltung des Raums zwischen den Tempeln, in der Übertragung von Claude Lorrains Gemälde – und mit ihm auch der literarischen Vorlage – in die Dreidimensionalität. Claude Lorrain hatte eine idealisierte Antike gemalt. Henry Hoare läßt den Besucher wirklich dort ankommen.

Thomas Daniell:
West Wycombe, Südfassade (1781)

Viermal Palladio und eine Reise über den Styx oder Triumph der Dilettanten

WEST WYCOMBE, BUCKINGHAMSHIRE

Mit den Möglichkeiten, die sich in Rousham, Stourhead und anderswo herausbildeten, ließen sich nicht nur politische Ideale und gesellschaftliche Utopien im Garten inszenieren. Es lag ganz im Belieben des jeweiligen Bauherrn, in welche Richtung er die Einbildungskraft der Besucher auf dem Weg durch seine Kunstlandschaft lenken wollte. Sir Francis Dashwood (1708–1781) hat in West Wycombe vorgeführt, daß sich die neuartige Verbindung von künstlichen Naturszenen und Gartentempeln auch dazu eignete, praller Lebenslust und den Freuden sinnlicher Vergnügungen einen angemessenen Rahmen zu geben. In Dashwoods antikisierender Ideallandschaft gesellt sich zum Schönen nicht nur das Wahre und das Gute, sondern vor allem das Angenehme und Vergnügliche.

Sir Francis erbte Haus und Grund 1726. Im gleichen Jahr brach er zu einer Grand Tour auf, aus der eine ganze Serie von Reisen wurde: 1726 ging es nach Frankreich, Italien und Deutschland, 1729 wieder nach Italien und noch einmal 1731. Dann, 1733, zog es Dashwood nach Rußland. Das war neu. Sein Tagebuch enthält die ältesten Beschreibungen von Moskau und Sankt Petersburg in englischer Sprache. 1735 fuhr er nach Griechenland und Kleinasien, schließlich von 1739 bis 1741 ein letztes Mal nach Italien. Wieder seßhaft geworden, zog Dashwood für zwanzig Jahre ins Parlament ein, von 1765 bis zu seinem Tod diente er dem britischen Königreich als *Postmaster General*. Benjamin Franklin, häufiger Gast von Sir Francis, schrieb über seine Aufenthalte in West Wycombe: »Die Gärten sind ein Paradies. Aber noch angenehmer ist die liebenswürdige Art und die humorvolle und äußerst intelligente Unterhaltung meines Gastgebers, der, nachdem er viele Jahre in öffentlichen Ämtern gedient, alle Teile Europas gesehen und die beste Gesellschaft der Welt genossen hat, selbst die vortrefflichste ist, die man sich vorstellen kann.«

Zwischen der Reise nach Griechenland und der letzten Italien-Tour begann Sir Francis mit der Umgestaltung von Haus und Garten. Stoff hatte er auf seinen Reisen genügend gesammelt. In West Wycombe wollte er die schönsten Orte dieser Welt für sich und seine Freunde noch einmal aufleben lassen. Das alte Haus riß er nicht ab, baute es aber vollkommen im Stil des Zeitgeists um: Palladio sollte es sein. 1751 war die Nordfassade fertig (für den Entwurf war einer von Lord Burlingtons Zeichnern engagiert worden). Dann entstand die prachtvolle Südfassade mit zwei übereinanderliegenden Kolonnadenreihen, frei nach Palladios Palazzo Chiericati in Vicenza. Im Osten und im Westen ließ Dashwood Portiken anfügen (wobei der Ostportikus wie Lord Burlingtons Chiswick House die Villa Rotonda zitiert). Am Ende hatte Dashwood eine Villa mit vier palladianischen Schaufassaden, und mit der Zeit erhielt auch das umliegende Gelände ein entsprechend südliches Flair.

Ebenso wurde das Innere des Hauses italianisiert. Sir Francis hatte zu diesem Zweck von einer seiner Reisen einen Maler mit nach England gebracht: Giuseppe Mattia Borgnis. Nach Borgnis' Tod übernahm dessen Sohn die Aufgabe, in West Wycombe die Vorstellungen Dashwoods von einer mediterranen Villa umzusetzen. Als Halle wünschte sich der Bauherr ein römisches Atrium. Die Wände wurden mit Marmorimitationen bemalt und zu den Nachbarräumen hin aufgebrochen. Sir Francis ließ Säulen einbauen, Statuen aufstellen und eine Bodenheizung installieren, wie er sie in Rom gesehen hatte. Henry Hoares Helden waren Herkules, König Alfred und Aeneas. Sir Francis setzte auf Bacchus, Venus und Apoll.

Wer die zum Atrium gewandelte Halle betritt, wird sogleich – auch wenn er es vielleicht gar nicht bemerkt – in diese Welt hineingezogen. Gleich drei Kopien der Mediceischen Venus finden sich in West Wycombe, eine im Treppenhaus, eine unter der Rotunde des Venustempels im Garten und eine in einer Nische des Eßzimmers, das sich rechterhand an die Halle anschließt. In einer gegenüberliegenden Nische links der Halle ist ein Spiegel angebracht. Wer den Fuß in die Halle setzt, tritt zwischen Venus und ihr Spiegelbild und, das ist wohl die Botschaft, steht im Bann der Liebesgöttin. Für all jene, denen diese feinsinnige Konstruktion entgehen sollte, halten Haus und Garten auch deutlichere Hinweise bereit. Die Treppe ins Obergeschoß ist mit Wandgemälden nach italienischen Vorbildern geschmückt. Sie zeigen biblische und mythologische Szenen. Je höher man steigt und je näher man dem Schlafzimmer kommt, desto erotischer und eindeutiger werden sie. Was Dashwood an erotischen Motiven kannte, verteilte er über Haus und Garten. Selbst den Hausgott Bacchus ließ er vorzugsweise zusammen mit seiner Ariadne malen. Ein Bacchustempel war es auch, nach dessen Vorbild Dashwood den Westportikus des Hauses gestalten ließ. Er wollte, daß Haus und Garten eine unauflösliche Einheit bildeten und ineinander übergingen.

Dieser Gedanke spielte auch beim Entwurf des größten und prächtigsten Raums im Haus ein Rolle, des MUSIC ROOM. Von hier aus hat man das aufwendigste von Dashwoods Gartengebäuden im Blick, einen klassischen Tempel auf einer idyllischen Insel in einem künstlichen See. Der Musik geweiht, wurde er als Konzert- und Festsaal genutzt. Wie das Pantheon als Symbol der Helden Roms die Welt von Stourhead, so dominiert der MUSIC TEMPLE als Ort der Lebensfreude den Garten von West Wycombe. Mitsamt der Wandverkleidung läßt sich das mittlere Fenster auf der Gartenseite des MUSIC ROOM öffnen, so daß man direkt ins Freie treten kann. Hinter sich den MUSIC ROOM, vor sich den MUSIC TEMPLE, umgeben von Venus und Bacchus, soll man beschwingt durch die angenehme Landschaft wandeln und genießen.

Auch Apoll ist ein Tempel gewidmet, ein stattlicher Triumphbogen, der sich über einer Kopie des Apoll vom Belvedere wölbt. Desweiteren gibt es einen ROUND TEMPLE, der nicht rund ist, aber den Anschein erweckt, es zu sein, eine von Nymphen umlagerte Kaskade, einen TEMPLE OF DAPHNE, einen TEMPLE OF FLORA und einen TEMPLE OF THE WINDS nach Athener Vorbild. Die Fertigstellung von Garten-

West Wycombe. Im Vordergund die Kaskade, auf dem Hügel im Hintergrund erkennt man die Kirche (Stich nach William Hannan)

gebäuden war für Sir Francis immer ein Grund, aufwendige Feste zu feiern und Fackelumzüge zu veranstalten, bei denen sich alle verkleiden mußten.

Sir Francis bezog auch die Landschaft außerhalb des Gartens in die Inszenierung seiner Wunschnatur ein. Den Turm der Kirche von West Wycombe auf einem Hügel jenseits der Dorfstraße ließ er 1752 aufstocken und mit einer goldenen Kugel krönen, wie er sie am alten Zollamt von Venedig gesehen hatte. Das Kirchenschiff wurde in diesem Zuge im Stil alter Tempel in Palmyra und Damaskus verkleidet, so daß selbst die Dorfkirche zum Gartentempel wurde. 1764 kam am Rand des Friedhofs ein Mausoleum hinzu, das vom Garten aus ebenfalls als Blickfang dient. Ob im Interesse dieser Fernwirkung oder aus schlichtem Größenwahn – die Ausmaße dieser Grab- und Gedenkstätte sind enorm. Man glaubt wirklich, vor einem antiken Baudenkmal zu stehen, wenn man sich dem imposanten ummauerten Achteck nähert, für

West Wycombe. Im Hintergrund links das Haus,
rechts der TEMPLE OF VENUS
(Stich nach William Hannan)

das der Konstantinsbogen in Rom als Vorbild diente. Die Mauer umschließt eine Wiese, die aussieht wie ein römisches Ruinenfeld. In ihrer Mitte erhebt sich ein quadratischer Tempel über einer Urne. Auf Dashwoods Grabstein ist zu lesen: »Revered, Respected and Beloved by all who knew him«.

Der Herr auf West Wycombe ließ sich bei seinen Bauaktivitäten von der *Society of Dilettanti* beraten, einer Gesellschaft, die 1732 von einer Gruppe engagierter Grand Touristen um Sir Francis ins Leben gerufen worden war (sie ist übrigens bis heute aktiv). Es war eine Art Club für die kulturelle Elite, die Italien bereist hatte und zu Hause ein Gefühl für die Kultur der Antike befördern wollte. Die Gesellschaft sandte Künstler und Architekten nach Italien und Griechenland, sie stellte Mittel für die Ausgrabungen von Herculaneum (1738) und Pompeji (1748) bereit und unterstützte Buchprojekte wie James Stewarts und Nicholas Revetts Standardwerk *The Antiquities of Athens* (1762–1794). Horace Walpole schrieb über die Gesellschaft: »Offiziell ist die Voraussetzung für die Aufnahme, in Italien gewesen zu sein, tatsächlich, daß man sich besoffen hat. Die beiden Anführer sind Lord Middlesex und Sir Francis Dashwood, die während ihrer Zeit in Italien selten nüchtern gewesen sind.«

Dem Begriff des Dilettanten haftete im 18. Jahrhundert keineswegs der despektierliche Beigeschmack an, der uns heute als erstes in den Sinn kommt. Der Dilettant war ein aufmerksamer, interessierter Zeitgenosse, der sich Geist und Form kultureller Höhepunkte aneignete und sie nach seinen Möglichkeiten schöpferisch reproduzierte. In Rom muß in dieser Zeit an jeder zweiten Straßenecke ein zeichnender Engländer gesessen haben. Andere brachten ihre Eindrücke in Gedichten und Aufsätzen zum Ausdruck, häufiger noch in Reisetagebüchern und Briefen, von denen viele veröffentlicht wurden. Der Dilettantismus war zwar nicht für die Höhepunkte und für die künstlerische Tiefe, aber um so mehr für die Verbreitung der Kultur im 18. Jahrhundert von entscheidender Bedeutung. Dilettiert wurde in allen Künsten, es wurde geschrieben, gezeichnet, gemalt, musiziert und, insbesondere in den Gärten, auch gebaut. Der Wunsch von Dilettanten, die Antike in der Heimat wiederzubeleben, trug wesentlich zur Entwicklung des Englischen Gartens bei. Die Dilettanten waren die eigentlichen Fachleute für den Landschaftsgarten, der seine Motive aus allen Künsten bezog. Ein Gespür für die Landschaftsmalerei war dabei ebenso hilfreich wie literarische Bildung und architektonische Grundkenntnisse. Als die ersten Landschaftsgärten entstanden, gab es den Beruf des Landschaftsgärtners naturgemäß noch nicht, und außer Lord Burlington war kein Bauherr eines bedeutenden Gartens dieser Zeit Architekt.

Daß sich die Dilettanten in einer Gesellschaft zusammenschlossen, war keineswegs ungewöhnlich. Das 18. Jahrhundert ist auch das Jahrhundert der Clubs, der Vereinigungen und Zirkel. In England florierte das Clubwesen besonders. Alles, was für wichtig oder förderungswürdig erachtet wurde, konnte Anlaß zu einer Vereinsgründung sein. Es gab kleine, private Vereinigungen wie Walpoles *Committee of Taste* und einflußreiche Gesellschaften wie den *Kit Kat Club*. Wichtig waren vor allem die politischen Clubs, in denen sich Gleichgesinnte zusammenschlossen und sich gegenseitig förderten. Dashwood war nicht nur an der Gründung der *Society of Dilettanti* beteiligt, er initiierte auch den *Divan Club*, ein Pendant für diejenigen, die das Osmanische Reich bereist hatten und sich für seine Kultur interessierten. Schließlich rief er den *Hell Fire Club* ins Leben, der anfangs unter dem Namen *The Knights of St. Francis of Wycombe* firmierte. In dieser Gesellschaft verband sich die geistreiche Inszenierung Dashwoodscher Lebensfreude mit dem elitären Anspruch der Clubs und politischem Engagement. Viele Männer der Gesellschaft, die in Opposition zur Regierung standen, schlossen sich in Zirkeln zusammen, die mitunter den Charakter von Geheimbünden annahmen. Die *Knights of St. Francis of Wycombe* gehörten allesamt einem oppositionellen Kreis um Frederick Prince of Wales an. Bei der Gründung spielte darüber hinaus eine abgrundtiefe Verachtung für die römisch-katholische Kirche eine Rolle, die Dashwood während seiner Italien-Aufenthalte kultiviert hatte (um ihr Ausdruck zu verleihen, posierte er für den Maler William Hogarth als Franziskanermönch, der lüstern eine liegende Venusstatuette anstarrt). Der Dichter Paul Whitehead, den Sir Francis in der *Sublime Society of Beefsteaks* kennengelernt hatte, war Sekretär des *Hell Fire Club*. Niemand weiß wirklich, was vor sich ging, wenn die Mitglieder sich, in Kutten gehüllt, nächtens versammelten. Man weiß lediglich, wieviel dabei getrunken wurde. Ein Kellerbuch hielt penibel fest, wieviele Flaschen Wein jeder der zwölf Brüder leerte. Frauen waren zugelassen, sofern sie »eine angenehme und lebhafte Gemütsverfassung zur Beförderung der allgemeinen Fröhlichkeit« mitbrachten, wie es in den Statuten hieß. Treffpunkt war eine Zisterzienserabtei an der Themse, für deren Gestaltung Dashwood fast ebensoviel Energie aufbrachte wie für die Inszenierung seiner Gartenlandschaft. Aber der Club soll auch in den HELL FIRE CAVES getagt haben, einem Höhlensystem unterhalb der Kirche von West Wycombe, das zu den skurrilen Sensationen der *English Garden Tour* gehört. Benjamin Franklin schrieb 1772 nach Philadelphia: »Die Vorstellungen seiner Lordschaft, die etwas wunderlich und schrullig wirken, sind unter der Erde ebenso offenkundig wie oberhalb.«

Als man in den vierziger Jahren des 18. Jahrhunderts einen Stollen in den Berg unterhalb der Kirche trieb, um Baumaterial für eine neue Landstraße zu gewinnen, ließ sich Sir Francis diese einmalige Gelegenheit zu einer dramatischen Inszenierung der Unterwelt nicht entgehen. Man betritt das Höhlensystem über einen Vorhof, dem Dashwood das Aussehen einer mittelalterlichen Klosterruine geben ließ. Von der Villa aus kann man die um 1750 entstandenen Mauer- und Giebelfragmente wirklich für ein verfallenes Baudenkmal halten. Hinter dieser Blendfassade führt ein unterirdischer Gang über eine Viertelmeile lang in den Berg hinein. Man weiß nicht, ob Dashwood ein Vorbild für die Gestaltung der Räume in dieser unterirdischen Grottenwelt hatte oder ob er einfach mit altbekannten Formen spielte, denen im allgemeinen magische Bedeutung zugeschrieben wird: Die Höhlenräume formen einen Ring, ein Labyrinth, ein Dreieck und einen Kreis. Auf halber Strecke wölbt sich eine Kuppel über einem Festsaal. Der Höhlenweg führt nicht nur immer tiefer in den Berg hinein, er führt auch kontinuierlich bergab. Fast hundert Meter unter der Kirche befindet sich als Abschluß und Ziel dieser wirklich unheimlichen Reise ins Ungewisse der INNER TEMPLE. Er ist vom Höhlengang durch einen Fluß getrennt. Wie der mythische Fluß, der die Welt von der Unterwelt trennt, trägt er den Namen STYX. Und nach mythischem Vorbild wurde hier vor zweihundertfünfzig Jahren ein Boot bereitgehalten, mit dem man den STYX überquerte. Von allen Inszenierungen der Unterwelt in den Gärten des 18. Jahrhunderts sind die HELL FIRE CAVES von West Wycombe ohne Frage die beeindruckendste.

Hendrik de Cort:
Castle Howard (um 1800)

Der Sog des Raums
oder Wie eine Dorfstraße zur Terrasse wurde

CASTLE HOWARD, YORKSHIRE

Nicht nur rund um die Hauptstadt London, auch in anderen Teilen Englands begannen die Landsitze nach der Wende zum 18. Jahrhundert, ihr Aussehen zu verändern. In Yorkshire zum Beispiel. Auch hier verlor die unerbittliche Geometrie im Gartenbau allmählich ihre Gesetzeskraft, und auch hier haben sich Nachbarn und Freunde gegenseitig beraten und beeinflußt, als neue Wege in der Gartengestaltung beschritten wurden. Es scheint allerdings zunächst weniger ein Gefühl für die Natur gewesen zu sein als der Wunsch nach Größe, der Ehrgeiz, Nachbarn, Gäste und Besucher mit etwas noch nie Dagewesenem zu beeindrucken, der hier ästhetische Konventionen und gewohnte Grenzen sprengte. Schließlich sind Landsitze immer auch Statussymbole gewesen. Mit den Häusern wuchsen die Gärten, die sie umgaben, und je größer sie wurden, desto mehr öffneten sie sich der Natur. Man bezog die Landschaft jenseits der Gartengrenzen in die Entwürfe ein, um den Eindruck von Größe und Weite noch zu verstärken. In umgekehrter Richtung wurde die Grenze zwischen der geregelten Kunst des Gartens und der freien Natur ebenfalls durchlässig: Wer den bruchlosen Übergang eines gestalteten Gartens in die ungestaltete Umgebung inszenieren wollte, mußte, wie vorsichtig auch immer, die Unregelmäßigkeit und Grenzenlosigkeit berücksichtigen, die die freie Natur ausmacht.

69

Während im Süden Englands das Bedürfnis nach Natürlichkeit im Garten der Inszenierung eines neuen Raumgefühls voranging, scheint es in Yorkshire, wo einige der großartigsten Gartenanlagen der Umbruchzeit zwischen Barock und Aufklärung entstanden, gerade umgekehrt gewesen zu sein. Reiche und ambitionierte Gutsherren wollten dort den Raum, der ihre Schlösser umgab, möglichst effektvoll in Szene setzen.

Das früheste und eindrucksvollste Beispiel dafür ist der Landsitz der Familie Howard in der Nähe von York. Ab 1700 entstand hier eine der gewaltigsten Gartenanlagen des englischen Barock. 400 Hektar umfaßt das Gelände. Jede denkbare Steigerung von ›groß‹ scheint diesem Haus und der künstlich geformten Landschaft, die es umgibt, nur angemessen. Die einzige Grenze, die am Ende übrigblieb, war der Horizont. Als Horace Walpole im August 1777 nach Castle Howard kam, schwärmte er: »Niemand hatte mich darauf vorbereitet, daß ich auf einen Blick einen Palast, ein Dorf und eine befestigte Stadt sehen würde, erhöhte Tempel, Wälder, von denen jeder ein Metropolis der Druiden sein könnte, Täler, die durch weitere Wälder mit Hügeln verbunden sind, die edelsten Rasenflächen der Welt, gerahmt vom halben Horizont, und ein Mausoleum, das einen in Versuchung bringen könnte, lebendig begraben werden zu wollen – kurz, kurz: Ich habe schon gigantische Orte gesehen, aber noch nie einen erhabenen.«

›Erhaben‹ (auf englisch: ›sublime‹) war *das* ästhetische Modewort des 18. Jahrhunderts. Unter diesem Begriff versammelten Philosophen und Ästhetiker all jene Formen und Gegenstände, an denen man sich erfreute, ohne daß sie mit dem klassischen Schönheitskanon und seinen Grundregeln zu vereinen gewesen wären. Dazu gehörten vor allem die unregelmäßigen, mitunter schroffen Formen der Natur, aber auch die Erfahrung eines grenzenlosen Raums. Bislang war alles, was zu groß, zu weit oder zu unregelmäßig war, als daß der Mensch es hätte übersehen und für sich ordnen können, aus der Kunst weitgehend ausgeschlossen geblieben. Das änderte sich erst, als die Kunst nach 1700 begann, die Natur für sich zu erobern. Dabei war der Begriff des Erhabenen von entscheidender Bedeutung. Die Natur hat ihre eigenen Gesetze; Unregelmäßigkeit gehört ebenso dazu wie der Kontrast zwischen unterschiedlichen Gegenden und die Grenzenlosigkeit. Als Alternative und Ergänzung zur klassischen Schönheit etablierte sich das Erhabene. In den Landschaftsgärten trat an die Stelle von symmetrischer Gliederung, geordneter Übersichtlichkeit und klaren Grenzen ein Wechsel unterschiedlicher Stimmungen, die Überwältigung der Besucher durch unerwartete Effekte und die kunstvolle Inszenierung der Unendlichkeit des Naturraums.

Der erhabene Effekt von Castle Howard beruht vor allem auf letzterem. Als Walpole 1777 nach Yorkshire kam, war das Wort ›erhaben‹ bereits in aller Munde, nicht jedoch, als Charles Howard, 3rd Earl of Carlisle, Henderskelfe Castle 1692 erbte. Bei der Neugestaltung des Familiensitzes halfen ihm zwei Männer: John Vanbrugh und Nicholas Hawksmoor.

Sir John Vanbrugh wird nachgesagt, er sei auf die Idee gekommen, Architekt zu werden, als er drei Jahre in französischer Gefangenschaft in der Bastille verbrachte. Nach seiner Freilassung versuchte er sich allerdings zunächst als Bühnenschriftsteller. Den Hang zum Theatralischen hat er auch als Baumeister nie verloren. In seinen architektonischen Entwürfen verband er ihn mit einer nicht minder ausgeprägten Neigung zur Gigantomanie. ›Schön‹ ist tatsächlich nicht das richtige Wort für diese riesigen, pompösen Bauten. Als Henderskelfe Castle 1693 niederbrannte, war Vanbrugh bald mit einem visionären Entwurf für

den Wiederaufbau zur Stelle. An Ideen mangelte es
ihm nicht, allerdings hatte er noch nie ein Haus gebaut. Zur fachlichen Unterstützung wurde der Architekt Nicholas Hawksmoor verpflichtet. Und als letzte
Instanz wachte Carlisle stets selbst über alle Pläne,
die die Neugestaltung seines Landsitzes betrafen.

1700 wurde mit dem Neubau des Schlosses begonnen, wobei Vanbrugh völlig unbelastet von architek-

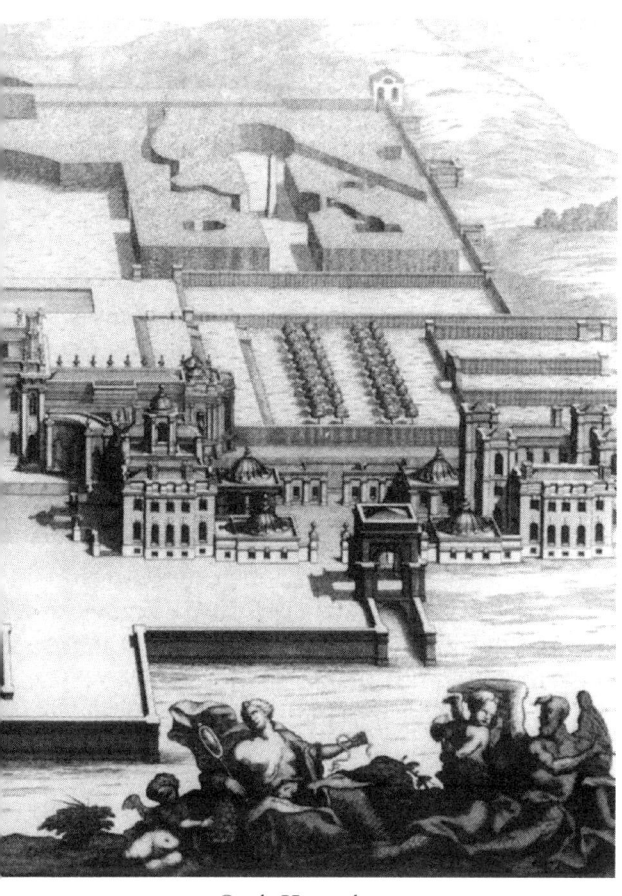

Castle Howard um 1725

tonischen Traditionen ans Werk ging. Jonathan Swift
spottete über den Architekturdilettanten: »Van's genius, without thought or lecture, / is hugely turn'd do
architecture.« (»Van's Genius, sonder Kopf und Lektüre, / ist gänzlich hingewendet der Architektüre«).
Vanbrugh hielt sich weder an die für Schlösser üb-
liche Ost-West-Ausrichtung noch war ihm an einem
einheitlichen Stil gelegen. Vor allem aber beanspruch-

ten seine raumgreifenden Visionen, von denen erstaunlich viel in die Tat umgesetzt wurde, enorm viel Platz. Das alte Schloß hatte im Dorf Henderskelfe zwischen der Kirche und der Hauptstraße gestanden. Vanbrugh wollte frei über den Raum verfügen. Das Dorf stand dem im Weg, also wurde es verlegt. Die alte Dorfstraße machten Carlisle und Vanbrugh später zum Bestandteil ihres Gartenentwurfs.

Für das neue Schloß entwarf Vanbrugh meilenlange, schnurgerade Anfahrten, die schon lange vor Erreichen der Einfahrt auf seine Ästhetik des Grandiosen einstimmen. Über Hügel und Täler erstreckt sich die unerbittliche Gerade, die Wälder und Haine durchschneidet und schließlich in eine imposante zweireihige Lindenallee mündet. Aufwendig gestaltete Torbauten geben einen Vorgeschmack auf den Pomp der Anlage. Eine mächtige Mauer, von elf unterschiedlich gestalteten Türmen durchbrochen, verleiht ihr den Charakter einer schwer befestigten Bastion. In der Mitte dieser Mauer erhebt sich Vanbrughs massives, von einer Pyramide gekröntes GATE-HOUSE, dem 1756 Seitenflügel angefügt wurden, um Logierraum für Gartentouristen zu schaffen. Denn der Ruhm von Castle Howard lockte viele Besucher nach Yorkshire. Ihre Reaktionen erfüllten Vanbrugh mit Genugtuung: »Sie sind alle sehr überrascht und beeindruckt von den Mauern und ihren Türmen, von denen sie viel sprechen. Ich war mir immer sicher, daß wir damit einen Trumpf in der Hand hatten.«

Die Architektur von Castle Howard zeichnet sich vor allem durch Monumentalität aus. Vanbrugh baute nicht, er inszenierte mit architektonischen Mitteln, und er inszenierte immer dasselbe: Größe. Für die Innenausstattung steuerten verschiedene Künstler Ideen bei, unter ihnen auch William Kent. Vanbrugh selbst zeichnete für den zentralen Raum verantwortlich, die Halle. Über Bögen, Nischen, Säulen und

Galerien wölbt sich eine riesige Kuppel. Ursprünglich war sie gar nicht vorgesehen. Als man sich dann zum Bau einer Kuppel entschloß, wurde es die größte, die je auf einem englischen Landhaus gethront hatte.

Daß der Westflügel beim Tod Vanbrughs im Jahr 1726 noch nicht fertig war, ist nicht nur auf finanzielle Engpässe zurückzuführen, sondern vor allem darauf, daß Carlisles Interesse inzwischen mehr der Gestaltung der Umgebung seines neuen Hauses galt als dem Bau selbst. Um 1710 hatte Vanbrugh riesig dimensionierte Anlagen im französischen Stil entworfen. Wieviel davon tatsächlich ausgeführt worden ist, weiß man nicht. Das regelmäßige Parterre mit einem Atlas-Brunnen in der Mitte, das sich heute vor der Südfassade erstreckt, stammt aus der zweiten Hälfte des 19. Jahrhunderts. Der Rosengarten westlich des Hauses mit seiner bemerkenswerten Sammlung alter Rosensorten ist erst in diesem Jahrhundert angelegt worden. Castle Howard blieb immer in Familienbesitz, und jede Generation hat das ihre zur Gestaltung der Anlage beigetragen.

Zunächst lenkte Carlisle Vanbrughs Aufmerksamkeit auf den östlichen Teil des Parks. Ein Waldstück wurde mit Wegen durchzogen, die, vorbei an Statuen und Wasserspielen, zu einem Amphitheater und kleinen Sommerhäusern führten. Dieser Teil des Gartens erweckte viel Bewunderung bei den Gartentouristen des 18. Jahrhunderts, insbesondere wegen seiner Gebäude und seines Figurenschmucks. Sie haben die Jahre allerdings nicht überdauert. Im Süden begrenzte die alte Dorfstraße von Henderskelfe den kleinen Wald. Ihrer ursprünglichen Funktion war sie durch die Verlegung des Dorfes beraubt. Carlisle und Vanbrugh verwandelten sie in eine von Statuen gesäumte Rasenterrasse. Sie folgt ihrem ursprünglichen Verlauf, ist also nicht ganz eben und gerade. Der Gegensatz zwischen der Kunst des Gartens und der Natürlichkeit der Landschaft, auf die man von hier aus blickt, ist dadurch gemildert.

Unterhalb der Terrasse zieht sich eine Folge von künstlichen Gewässern hin. Dem SOUTH LAKE sieht man das barocke Bedürfnis nach Uferbegradigung noch an. Er mündet in einen künstlichen Fluß, den NEW RIVER, mit dem die Kunstnatur des Gartens fließend in die freie Landschaft übergeht. Seit den vierziger Jahren des 18. Jahrhunderts überspannt die NEW RIVER BRIDGE (ihrer altertümlichen Form wegen auch ROMAN BRIDGE genannt) den Fluß. Zusammen mit den sie umgebenden Wiesen und Feldern bietet das Ensemble von Fluß und Brücke einen eindrucksvollen Anblick, besonders vom SOUTH LAKE aus.

Auch sonst vermittelt Castle Howard bei aller Gigantomanie ein geschlossenes, harmonisches Bild. Überall dort, wo sich Blicke aus dem Garten in die Umgebung eröffnen, sind die gestaltete Gartenlandschaft und die ungestaltete Natur jenseits der Gartengrenzen kunstvoll aufeinander abgestimmt. Carlisle ließ seine Baumeister auch außerhalb des Grundstücks Gartengebäude errichten. Die ganze Natur und hinter ihr der Horizont werden regelrecht in die Anlage hineingezogen. Südwestlich des Parks entstand am Rand eines Feldes eine von Hawksmoor entworfene Pyramide. Carlisle hatte für diese Form ein ganz besonderes Faible. Auf den Toren der Anfahrt, an den Wegen der Gartenparterres, auf Brücken und im freien Feld – überall ließ er seine Architekten und Gärtner Pyramiden bauen. 1729 übermittelte Hawksmoor dem Earl eine Botschaft des künftigen Erben von Castle Howard: »Lord Morpeth würde sich wünschen, daß Eure Lordschaft geruhten, einige andere Ornamente in Eurem Park zu verwenden, die keine von Ihren Pyramiden sind, Seine Lordschaft meint, es gebe davon bereits genügend.«

Vanbrugh starb 1726. In Chiswick arbeitete Lord Burlington gerade an den Plänen für seine Palladio-Villa. Vanbrughs letzter Entwurf für Castle Howard, der noch in seinem Todesjahr ausgeführt wurde, ist ein palladianischer TEMPLE OF THE WINDS, der krönende Abschluß der langen Terrasse, die den Besucher vom Schloß in die Landschaft geleitet. In verkleinertem Maßstab nimmt der Tempel die Säulen und die Kuppel des Hauses auf und wirkt so wie ein ausgelagerter Raum, ein Gartensaal, der zum Schloß gehört. Die Rasenterrasse ist auf diese Weise eng in die Architektur eingebunden, deren raumgreifende Größe dadurch noch unterstrichen wird. Der Tempel lebt vor allem von seiner Lage und der Aussicht, die sich von ihm aus bietet. Sie gehört zu den grandiosesten Landschaftsinszenierungen der englischen Gartenkunst. Nach Osten, Süden und Westen schweift der Blick meilenweit bis zum Horizont über Felder, Täler und Wälder. In jeder Richtung vervollständigt ein Gebäude das Landschaftsbild: in der Mitte die NEW RIVER BRIDGE, rechts Hawksmoors Pyramide und links das Mausoleum der Familie Howard (dessen Pracht bei Walpole den Wunsch weckte, lebendig begraben zu werden). Hawksmoor hat diese Grabstätte, die den Dimensionen des Ortes durchaus angemessen ist, zusammen mit der Pyramide 1728/29 entworfen, vollendet wurde sie allerdings erst im Jahr 1744. Carlisle war 1738 gestorben. Ihm wird die Sentenz zugeschrieben: »Man sollte große Paläste nur entwerfen und beginnen und es der Nachwelt überlassen, sie allmählich zu vollenden.«

Anthony Walker: Studley Royal.
BANQUETING HOUSE und Rotunde (1758)

Garten und Landschaft
oder Wie man sich einer Ruine nähert

STUDLEY ROYAL, YORKSHIRE

In Studley Royal bei Ripon, ganz in der Nähe von
Castle Howard, war es nicht die Weite des Raums,
sondern die Nähe eines formalen Parks zu der ihn umgebenden Natur, die Anlaß zu gartenkünstlerischen
Experimenten gab. 1699 erbte John Aislabie (1670
bis 1742) das Anwesen. Aislabie, ein Freund Lord
Burlingtons und John Vanbrughs, war ein ehrgeiziger
Mann, er brachte es schnell zu hohen Ämtern in
der Whig-Administration. 1716 begann er, in Studley
Royal einen Garten anzulegen. Unter enormem Aufwand wurden Teiche und Kanäle ausgehoben, Hügel
aufgeschüttet, Kaskaden installiert. Hundert Saison-
kräfte waren zeitweise mit den Erdarbeiten beschäftigt. Es entstanden große, symmetrische Rasenflächen
und geometrisch geformte Gewässer. Allerdings fehl-
ten einige Elemente, die für die französischen Barockgärten charakteristisch waren: Die Gartenanlage stand
nicht in direkter Beziehung zum Haus (das 1946 ab-
gebrannt ist), und es gibt weder die üblichen mit Beeten und Rabatten gestalteten Parterres noch eine Zentralachse, das Rückgrat der geometrischen Formen
im Französischen Garten.

Das ist die Folge der ungewöhnlichen Entschei-
dung Aislabies, seinen Garten nach den natürlichen
Gegebenheiten des Grundstücks auszurichten. Statt
einer Allee oder eines Kanals machte er den Fluß
Skell zur Mitte der Anlage. Der Park ist also kein auf

dem Reißbrett entworfenes Kunstfeld, sondern ein Stück künstlerisch bearbeiteter Landschaft. Zwar ließ Aislabie den Fluß kanalisieren und veränderte mit den geometrischen Rasenpartien, Teichen, Hecken und Wegen den Charakter des Geländes, aber der Verlauf von Fluß und Tal blieb bestimmend für den Garten, dessen strenger Formalismus in einem eigenartigen, fast ein wenig unheimlich wirkenden Kontrast zu dem dichten, tiefgrünen Wald zu beiden Seiten des Tals steht.

Im Dezember 1720 wurden sämtliche Arbeiten eingestellt. Erst sechs Jahre später nahm Aislabie sie wieder auf, als er sich ganz in Studley Royal niederließ. Grund dafür war nicht etwa das oppositionelle Engagement des Bauherrn, sondern eine verhängnisvolle Finanzaktion. Aislabie wurde Opfer eines der größten Wirtschaftsskandale der Epoche. Er war einer der Hauptgeldgeber der *South Sea Company.* Durch deren unrühmlichen Untergang im berühmt-berüchtigten »South Sea Bubble« verlor er nicht nur sehr viel Geld, sondern auch seinen Parlamentssitz, er wurde vorübergehend sogar im Tower eingesperrt und lebenslang von allen öffentlichen Ämtern ausgeschlossen. Verbittert zog er sich nach Studley Royal zurück und widmete sich fortan ganz seinem Garten.

Auch Aislabie fügte seiner Komposition antike Statuen und Tempel hinzu, die durch ein Netz von Sichtachsen miteinander verbunden sind. Der schönste Gartenbau von Studley Royal ist ein griechischer Tempel im dorischen Stil, der im Bogen eines Rasenhalbrunds vor dem dunklen Hintergrund des Waldrands steht und sich in einem kreisrunden Teich spiegelt. Statuen von Bacchus, Neptun und Endymion beleben die Szene. Der Tempel entstand 1740 und war ursprünglich, wie das PANTHEON in Stourhead, Herkules gewidmet. Aislabies Sohn William benannte ihn zum Gedenken an seinen 1742 verstorbenen Vater in TEMPLE OF PIETY um.

Wie sein Vater war William Parlamentsmitglied. Im Gegensatz zu ihm war er auf Grand Tour gewesen (und zwar im für die Familie so schicksalsschweren Jahr 1720). Als er Studley Royal erbte, hatte sich die Gartenkunst in England bereits verändert. Kent war gerade dabei, den Park von Rousham in eine anmutige Ideallandschaft zu verwandeln, in Stourhead begann Henry Hoare mit der Arbeit an seiner literarisch inspirierten Kunstwelt. William Aislabie nahm regen Anteil an der neuen Mode. Die Bauten und Teiche seines Vaters ließ er bestehen, auch die Begradigung des Flusses machte er nicht rückgängig. Aber er fügte Gebäude und Wege hinzu und erweiterte den Park. Er machte Studley Royal zum Landschaftsgarten. Er setzte die gärtnerische Gestaltung des Skelltals nach Nordosten fort, wo es sich zu einer romantisch-felsigen Schlucht verengt. William Aislabie durchzog diese mit Wegen, die den Fluß und die Felsen für die Spaziergänger in Szene setzen, und errichtete verschiedene Gartengebäude (die alle nicht erhalten sind). Sieben Brücken gaben der Schlucht ihren Namen: SEVEN BRIDGES WALK. Heute bewegt man sich hier wie in der freien Natur. Es ist eine Natur, wie man sie im späten 18. und im 19. Jahrhundert besonders schätzte: abwechslungsreich, urwüchsig, bisweilen auch ein wenig rauh und schroff. Heute würden wir sie ›schön‹ nennen oder vielleicht ›romantisch‹, seinerzeit galt sie als ›erhaben‹.

William Aislabie hatte zur erhabenen Natur eine besondere Affinität. Bevor er den Garten seines Vaters um den SEVEN BRIDGES WALK erweiterte, hatte er in Hackfall, wenige Meilen von Studley Royal entfernt, bereits eine schattige Felsschlucht in einen kleinen Landschaftsgarten verwandelt, der ganz der Inszenierung der erhabenen Natur gewidmet war, also nicht auf die Lieblichkeit heller, angenehmer Landschaftsszenen setzte, sondern dem Dunklen, Schroffen, Düsteren und Dramatischen huldigte. Architektonisch unterstrich Aislabie diese Stimmung durch einen achteckigen Turm im gotischen Gewand, mit einem Zitat jenes Baustils also, dem dieselben Wirkungen zugeschrieben wurden wie der ungezügelten Natur. Derartige Inszenierungen einer erhabenen Natur nahmen in den Landschaftsgärten nach 1750 immer mehr Raum ein: Künstliche Felsen und Wasserfälle, halbzerstörte Teufelsbrücken und gotische Ruinen in düsteren Wäldchen entstanden en masse. In solchen Szenen erschien die Natur besonders natürlich, und der Anschein von Natürlichkeit war zum obersten Gebot der Gartenkunst geworden. Ganz »wilde« Gärten wie Aislabies Hackfall blieben eher eine Seltenheit, entsprechende Szenen aber gehörten bald zum gängigen Repertoire Englischer Gärten. (Von Hackfall ist übrigens so gut wie nichts übriggeblieben, die Spurensuche ist etwas für echte Spezialisten.)

Zu den erhabenen Effekten von Studley Royal gehört auch der Abschluß des Gartentals im Südwesten. Schon John Aislabie hatte hier einen Ausblick geschaffen, der den großartigen Landschaftsbildern von Castle Howard in nichts nachsteht. Eine halbe Meile von der damaligen Grundstücksgrenze entfernt steht eine der imposantesten Ruinen Großbritanniens: Fountains Abbey, die Überreste eines Zisterzienserklosters aus dem 12. Jahrhundert. Es ist die vollständigste und besterhaltene Zisterzienserabtei des Landes. John Aislabie schätzte den Blick auf die Ruine und hatte sich in den Kopf gesetzt, Fountains Abbey in seine Gartenanlage einzubeziehen. Kaufverhandlungen im Jahr 1720 scheiterten allerdings, und so blieb es zunächst bei dem Ausblick auf das Objekt der Begierde. Es blieb William Aislabie vorbehalten, den Traum des Vaters zu verwirklichen. Er erwarb die Ruine 1768 für 16 000 Pfund. Zur Zeit seines Vaters wäre sie für 4000 Pfund zu haben gewesen. Mittlerweile aber hatte alles Gotische Konjunktur.

»Ruins appear best at a distance«, notierte der Reiseschriftsteller Arthur Young. Diese Beobachtung mochte schon John Aislabie getröstet haben, als aus dem Kauf von Fountains Abbey nichts wurde. Der Ankauf des Geländes ermöglichte es William Aislabie allerdings, nicht nur den Blick auf das beeindruckende Monument, sondern auch die Ruine selbst als Gartenattraktion in Szene zu setzen. Mittelalterliche Ruinen vermochten mehr noch als intakte gotische Gebäude, die Wirkung schroffer Landschaftseindrücke im Garten zu verstärken. Sie wurden zum festen Bestandteil erhabener Gartenszenen. Die Ruine symbolisierte den Triumph der Natur über die Kultur. Außerdem regten die unvollständigen Mauerreste die Phantasie an. Man mußte die fehlenden Teile hinzudenken und konnte sich dabei ausmalen, was sich in den alten Gemäuern zugetragen haben mochte. Die Schauerromane in der Nachfolge von Horace Walpoles *Die Burg von Otranto* lieferten Material für solche Phantasien. Dabei war es von untergeordneter Bedeutung, ob die Mauerreste tatsächlich alt waren oder nur so taten.

Der Rundgang durch Studley Royal führt heute vom künstlichen See im Norden des Tals den kanalisierten Fluß entlang in Richtung Fountains Abbey, vorbei an den formalen Anlagen John Aislabies, an Statuen und Tempeln. Beim OCTAGON TOWER, der zunächst im klassischen Stil errichtet und dann nachträglich gotisiert worden ist, beginnt der HIGH PATH, ein unregelmäßiger Weg, der oberhalb der formalen Anlagen durch den Wald führt. Höhepunkt dieses, tatsächlich leicht ansteigenden, Weges ist ein Ort, der mit gutem Grund den Namen SURPRISE VIEW erhal-

Anthony Walker: Studley Royal.
Blick in den Park, im Hintergrund Fountains Abbey (1758)

ten hat. Völlig überraschend tut sich hier ein großartiger Blick aus leicht erhöhter Perspektive auf Fountains Abbey auf. Mit dem Blick wird die Phantasie auf diesen fernen Ort gelenkt. Der Entfernung wegen, aber vor allem aufgrund des Höhenunterschieds und des weiteren Wegverlaufs, scheint die Ruine unerreichbar. Auch das gehört zum Kalkül der Sichtachsen im Landschaftsgarten, die stets auf Gebäude und Plätze gerichtet sind, von denen wir nicht wissen, wann und ob wir sie erreichen werden.

Nach 1768 hatte William Aislabie die Möglichkeit, den Gartenweg bis zur Ruine fortzusetzen. Er nutzte sie, um die Annäherung an Fountains Abbey denkbar spannend und effektvoll zu gestalten, wobei er sich der Techniken bediente, die die Kunst des Landschaftsgartens in der Zwischenzeit entwickelt hatte. Viel Mühe geben sich die Restauratoren, um diesem Weg am Fluß entlang seine ursprüngliche Bepflanzung wiederzugeben, da Bäume und Unterholz für Spannung und immer wieder für überraschende Bilder sorgen. Meist sieht man die Ruine nicht, nur ab und zu erlauben die Bäume einen Blick auf die Mauerreste. Jedes Mal sieht die Ruine anders aus. Die Krümmungen des Weges sorgen für unterschiedliche Perspektiven. Unvermittelt hat man, zum Beispiel, nach einer Kurve die Ostfassade des Klosters vor Augen, ganz nah, aber der Fluß trennt den Spaziergänger noch von seinem Ziel, und der Weg verschwindet wieder hinter Bäumen. Beim nächsten Durchblick ist man der Ruine noch näher, eine Spitzkehre erzwingt jedoch wiederum eine Änderung der Blickrichtung. Überraschend tun sich hinter der nächsten Wegbiegung nicht etwa die mächtigen Mauern der Klosterkirche auf, man betritt vielmehr eine weite Wiese, auf der Trümmer verstreut liegen, Grundmauern, übriggebliebene Treppenstufen, eine halbhohe Säule im Gras. Man kann sich leicht vorstellen, daß Grand Touristen wie William Aislabie bei diesem Anblick an die Ruinenfelder Italiens dachten. Die grasüberwachsenen Mauervorsprünge erinnern an römische Ausgrabungsstätten, an die Überreste der verehrten Antike, wie man sie auf der Italienreise erlebt hatte. In diesem Fall handelt es sich allerdings um die Grundmauern des klösterlichen Krankenreviers. Über dieses Ruinenfeld bewegt man sich schließlich auf die Kirche zu, auf den halbhohen Turm und das dachlose Schiff mit seinen hohen Bögen und kräftigen Säulen. Der Abschluß des Gangs durch den Landschaftsgarten von Studley Royal ist die Erkundung der erhabenen Ruine von Fountains Abbey, ein Wunderwerk mittelalterlicher Baukunst, von dessen ruinöser Gestalt ein ganz besonderer Reiz ausgeht. Besser als durch den effekt- und spannungsreichen Gartenweg William Aislabies kann man auf dieses Erlebnis nicht vorbereitet werden.

Duncombe House (um 1725)

Als die Bilder laufen lernten
oder Kleine Geschichte der Terrasse

Zu den ungewöhnlichen Anlagen von Castle Howard und Studley Royal gesellt sich in der unmittelbaren Nachbarschaft eine dritte: Duncombe. Eine Terrasse erinnert dort an Castle Howard, und die Ruine eines mittelalterlichen Zisterzienserklosters an Studley Royal.

Im Jahr 1713 begann Thomas Duncombe II, seinen Landsitz (der seinen Namen trägt) neu zu gestalten. Wahrscheinlich hat John Vanbrugh ihn beraten, der gerade mit dem Bau von Castle Howard beschäftigt war.

Das Gelände hinter Duncombe House fällt steil ab. Mit sehr viel Phantasie konnte man bei dieser Lage an die berühmten Terrassen von Tivoli denken, eines der obligatorischen Ziele damaliger Italienreisender. Und so kam Thomas Duncombe die Idee, Tivoli in Yorkshire noch einmal erstehen zu lassen. Den natürlichen Konturen des Hügelscheitels folgend, legte er eine Rasenterrasse an – zehn Jahre, bevor Carlisle und Vanbrugh mit der Umgestaltung der alten Dorfstraße von Henderskelfe Castle Howard zu einer ähnlichen Attraktion verhalfen. An beiden Enden der Terrasse wurden Tempel errichtet, deren Form an die berühmten Tempel der Vesta und der Sybille von Tivoli anknüpft. Einer entstand um 1718, möglicherweise nach einem Entwurf von Vanbrugh, für den anderen diente wahrscheinlich das Mausoleum in Castle Howard als Vorbild.

Tivoli und andere historische Terrassenanlagen hatten viele britische Italienreisende begeistert und später, als sie zu Hause zu Landschaftsgärtnern wurden, inspiriert. So legte zum Beispiel auch in Rousham die Hanglage des Gartens eine ähnliche Konstruktion nahe, die den Blick in die Landschaft mit der Erinnerung an die Grand Tour verband. Im Lauf der Zeit wurden Terrassen in den Englischen Gärten allerdings immer seltener. Der allzu offensichtliche architektonische Eingriff in die Landschaft störte die Illusion der Naturnachahmung.

Terrassen gehören zu den ältesten Elementen der Gartengestaltung überhaupt. Entstanden in der Landwirtschaft, um auch hügelreiche Gegenden bewirtschaften zu können, wurden sie in den Gärten der italienischen Renaissance zum gestalterischen Ornament und Aussichtsort. In den französischen Barockgärten spielten Terrassen eine wichtige Rolle. Während Ludwig XIV. in Saint-Germain-en-Laye auf die Vollendung von Versailles wartete, schuf sein Gartenbaumeister Le Nôtre dort die völlig zu recht so genannte GRANDE TERRASSE, eine kilometerlange, schnurgerade Linie, ein der Natur abgerungenes Meisterwerk der Kunst (der Ingenieure wie des Gartenarchitekten), eine neue Dimension in der Beherrschung der Natur durch die Baukunst. In den frühen Landschaftsgärten nutzte man Terrassen schließlich als Instrument der Inszenierung einer neuen Erfahrung des Landschaftsraums. Aus von Balustraden begrenzten Aussichtsterrassen wurden überdimensionale Hahas, die spektakuläre Blicke in die Landschaft eröffneten, Erinnerungen an Italien wachriefen und zugleich die Gartenmauern ersetzten. Diesen Eindruck vermittelt auch die schöne, sanft geschwungene Rasenterrasse von Duncombe.

Ganz in der Nähe von Duncombe House steht die Ruine des Zisterzienserklosters Rievaulx Abbey. Die Mauerreste der mittelalterlichen Abtei liegen romantisch im Tal des Flusses Rye. Die Ruine ist nicht ganz so beeindruckend wie Fountains Abbey, bietet aber auch ein imposantes Bild, insbesondere von den Hängen aus, die sich zu beiden Seiten des Rye-Tals erheben. Mehr noch als in Fountains Abbey gilt hier Arthur Youngs Diktum: »Ruins appear best at a distance.« Wahrscheinlich hat John Aislabies grandiose Interpretation dieser Beobachtung in Studley Royal Thomas Duncombe bei seinen Plänen inspiriert, oberhalb der Klostergemäuer eine zweite Terrasse anzulegen. Aber Duncombe starb, bevor er das Vorhaben in die Tat umsetzen konnte. Wiederum blieb es dem Sohn und Nachfolger vorbehalten, die Idee des Vaters zu verwirklichen. Der Ehrgeiz der Landschaftsgärtner galt mittlerweile der Inszenierung möglichst eindrucksvoller und überraschender Effekte im Zusammenspiel von Kunst, Natur und Architektur. Thomas Duncombe III gelang hier eine der originellsten Landschaftsinszenierungen der englischen Gartenkunst.

1758, also zehn Jahre bevor William Aislabie Fountains Abbey ankaufen konnte, machte er sich ans Werk. Er hatte 1740 Lady Diana Howard geheiratet, eine Tochter des Hausherrn von Castle Howard. Er kannte die großartige Kunstlandschaft Carlisles und Vanbrughs mit ihrer Terrassenstraße also gut und wußte, daß den Möglichkeiten, effektvolle Landschaftserlebnisse mit künstlerischen Mitteln zu befördern, im Grunde keine Grenzen gesetzt waren. Als Pendant zum Tivoli-Zitat von Duncombe entstand oberhalb der Klosterruine RIEVAULX TERRACE. Thomas Duncombe scheint sogar geplant zu haben, seine beiden Terrassen durch ein riesiges Viadukt miteinander zu verbinden, um seinen Gästen auf einer Wagenfahrt eine lange, zusammenhängende Serie von Aussichten in die Landschaft Yorkshires präsentieren zu können. Schon die Idee macht deutlich, daß den Landschaftsgärtnern bald kein Projekt zu verwegen, kein Plan zu hybrid erschien, um die Welt mit spektakulären Inszenierungen zu überraschen.

Man betritt RIEVAULX TERRACE durch das alte Tor, durch das Duncombe einst mit seinen Gästen im Wagen auf das Gelände fuhr. Auch die Rasenterrasse von Rievaulx folgt der natürlichen Krümmung des Hügels, und auch sie erstreckt sich zwischen zwei klassischen Tempeln. Am Südende wurde 1758 ein Rundtempel errichtet, der TUSCAN TEMPLE. Der prächtige Fußboden im Inneren stammt aus dem 13. Jahrhundert, er ist der Kirche von Rievaulx Abbey entnommen worden. Von den Tempelstufen aus schaut man hinunter ins Tal, wo eine mittelalterlich anmutende Brücke den Fluß überspannt. Sie wurde rekonstruiert, nachdem ein Hochwasser den Vorgängerbau im Oktober 1754 weggeschwemmt hatte. Die Klosterruine sieht man nicht. Das ist natürlich Absicht. RIEVAULX TERRACE ist nicht nur eine Terrasse, sondern auch ein Gartenweg, der den dramaturgischen Kompositionsregeln der Landschaftsgärtnerei gehorcht. Wie William Aislabie in Studley Royal gestaltete Thomas Duncombe diesen Weg als spannungsvolle Annäherung an die erhabenen Überreste des alten Klosters.

Über eine halbe Meile erstreckt sich die Terrasse Richtung Norden. Bäume verstellen den Blick ins Tal. An ausgewählten Punkten ließ Duncombe dreizehn Schneisen in den Wald schlagen. Während die Spaziergänger die Terrasse entlanggehen, blättert sich ihnen eine Serie von dreizehn verschiedenen Landschaftsbildern auf. Man erlebt eine Folge von Bildern, wobei sich die Zuschauer, nicht die Bilder bewegen. Das ist eines der wichtigsten dramaturgischen Mittel, das die neue Landschaftskunst herausgebildet hatte. In Rievaulx verband Thomas Duncombe dieses Prinzip wirkungsvoll mit der alten architektonischen Gartenform der Terrasse. Der Effekt, den er damit erzielte, ist einzigartig.

Dem ersten Blick vom TUSCAN TEMPLE aus auf die Brücke folgt eine Serie von Ansichten des Flußtals. Bisweilen beleben alte Bauernhäuser die Szene. In der Mitte der Terrasse taucht dann die Ruine von Rievaulx Abbey zum ersten Mal auf – ein eindrucksvolles Bild, ähnlich überraschend wie der SURPRISE VIEW von Studley Royal. Weitere Blicke auf das verfallene Gemäuer folgen. Die Krümmung der Terrasse sorgt dafür, daß es stets aus einer anderen Richtung und vor einem anderen Hintergrund zu sehen ist. Ebenso verändert das Tal sein Aussehen, es wirkt unterschiedlich breit und bietet jeweils einen anderen Rahmen für die erhabenen Mauerreste der Abtei. Besonders vollständig und prächtig präsentiert sich das stolze Kirchenschiff im letzten der dreizehn Durchblicke am Nordende der Terrasse, dem Höhepunkt der Bilderserie. Auch die Gestalt des IONIC TEMPLE am Ende des Terrassenwegs folgt einer Dramaturgie der Steigerung. Der rechteckige Bau (eine Kopie des Tempels der Fortuna auf dem Forum Romanum) ist größer und mächtiger als der TUSCAN TEMPLE.

Der Blick ins Innere hält schließlich noch eine letzte Überraschung bereit: Der Tempel beherbergt einen prächtig ausgeschmückten und aufwendig eingerichteten Speisesaal. Die Deckengemälde stammen von Giuseppe Mattia Borgnis, jenem Maler, den Sir Francis Dashwood 1751 aus Italien mitgebracht hatte, damit er ihm bei der Verwandlung des Landhauses von West Wycombe in eine italienische Villa half. Zum Teil verwendete Borgnis hier dieselben Motive, und er brachte auch das Thema mit: Wie im Ost-Portikus in West Wycombe finden sich auch an der Decke dieses Saals Apollo und die Musen; der Deckenfries zeigt berühmte Liebespaare der griechischen Mythologie. Unter ihren Blicken lud Thomas Duncombe seine staunenden Gäste nach dem Gang über die Terrasse zum Essen ein (die Speisen wurden in einer Küche im Sockel des Tempels zubereitet). Hier waren sie wieder in der Gegenwart angekommen, nachdem ihr Gastgeber sie auf eine kleine Reise durch Raum und Zeit geschickt hatte, mittels einer Serie von Bildern, die die Hochkultur der Antike und die Landschaft des Südens ebenso lebendig werden ließ wie die erhabene Baukunst der Gotik. Arthur Young schwärmte 1771 in einem Bericht über eine Rundreise durch England seitenlang von diesem außergewöhnlichen Ort und faßte seinen Eindruck in der Bemerkung zusammen: »Es ist der unerwartete Schimmer eines kleinen Paradieses, das wirkt, als läge es in einer anderen Welt.«

Nicht weit von Duncombe, im Park von Harewood, kann man noch eine weitere Gartenterrasse besichtigen. Sie stammt aus späterer Zeit. Charles Barry, der Architekt des wuchtigen neogotischen Parlamentsgebäudes in London, hat sie Mitte des 19. Jahrhunderts angelegt, als die Gartenkünstler unter Naturalisierung etwas anderes verstanden als die inszenierungsfreudigen Men of Taste und Grand Touristen des 18. Jahrhunderts. Das effektvolle Spiel mit der Grenze zwischen Kunst und Natur, das die Landschaftsgärten der ersten Generation auszeichnet, weicht nach 1800 einem Gartenkonzept, in dem natürliche und künstliche Partien bewußt voneinander getrennt sind. Rund ums Haus, in sogenannten *Pleasure Grounds*, weisen Beete und Rabatten, Blumenarrangements und Skulpturen den Bereich aus, in dem die Kunst regiert, während großzügige Parkanlagen, die sich an den *Pleasure Ground* anschließen, einen fließenden

Übergang in die freie Natur schaffen. Die Versammlung origineller Miniaturkopien verschiedener Landschaftsszenen und Baudenkmäler auf engem Raum weicht einer Kultivierung der Landschaft, die die Grenze zwischen Kunst und Natur wieder respektiert und betont.

Zuvor aber wurde das Projekt, diese Grenze gänzlich aufzuheben, noch bis zur Perfektion vorangetrieben. Die Gartengebäude verloren dabei an Bedeutung. An die Stelle der geistreichen Appelle an die Phantasie trat der Ehrgeiz, künstliche Landschaften zu schaffen, die von der Natur nicht mehr zu unterscheiden waren, außer daß sie schöner, vollkommener und anmutiger sein sollten als das Original. Wie solche Gärten aussehen konnten, kann man von Charles Barrys Terrasse in Harewood aus bewundern: Man blickt auf eine weite, leicht ansteigende, ondulierte Landschaft. Ein harmonisches Nebeneinander von Waldgürteln, Freiflächen und Baumgruppen erstreckt sich bis zum Horizont. Im Vordergrund spiegelt sich der weite Himmel in einem – künstlichen – See. 1758, in dem Jahr, in dem mit dem Bau von RIEVAULX TERRACE begonnen wurde, und dann noch einmal 1781 wirkte Lanzelot Brown in Harewood, der bis heute bekannteste Landschaftsgärtner des 18. Jahrhunderts, der das Programm der Nachahmung der Natur im Garten zu einem nicht mehr zu übertreffenden Höhepunkt führte. In den großen Gärten Browns im Süden Englands endet die Reise durch die Geschichte des Englischen Gartens.

A

DESCRIPTION

OF

HAWKSTONE,

The SEAT of

Sir RICHARD HILL, Bart.

ONE OF THE

Knights of the Shire for the County

of Salop.

By T. RODENHURST.

The SECOND EDITION,

With several ALTERATIONS and ADDITIONS

Where Nature paints, what beauties fill the mind!
And how the soul expands with joys refin'd !
Reflection seizes, and to man displays
Infinite Wisdom—claiming all our Praise.

PROSPECT, A POEM, BY E. T.

SHREWSBURY:
Printed and Sold by T. WOOD, Bookseller.
Sold also by G. Robinson, No. 25, Pater Noster-Row, and
J. Walter, Charing-Cross, London,

M,DCC,LXXXIV.

Titelblatt von Thomas Rodenhursts Führer
durch den Garten von Hawkstone (1781)

A steady foot and a steady head
oder Abstecher in die Alpen und nach Tahiti

HAWKSTONE PARK, SHROPSHIRE

Auf dem Weg von Yorkshire zurück in den Süden
Englands lohnt sich ein Abstecher nach Hawkstone
Park. Sir Rowland Hill (1705–1783) und sein Sohn
Richard (1732–1809) haben hier mit viel Aufwand
und originellen Ideen nachgeholfen, um die Hügel-
landschaft von Shropshire in ein eigenwilliges Natur-
spektakel zu verwandeln, für das ›Garten‹ kaum noch
das richtige Wort zu sein scheint. Hawkstone war
seinerzeit ein Must auf der *English Garden Tour*. Im
19. Jahrhundert wurde das Gelände parzelliert und
teilweise verkauft. Erst 1993 wurde zwar nicht die
ganze Anlage, aber ihr Herzstück, dem sie ihren
Ruhm verdankte, der Öffentlichkeit wieder zugänglich gemacht.

Vier Sandsteinberge, ELYSIAN HILL, TERRACE
HILL, RED CASTLE HILL und GROTTO HILL, bilden
den Kern des Parks, der weniger an die sanfte Landschaft Norditaliens erinnert als an die rauhe Felsnatur
der Alpen. Die Alpenüberquerung war ein zwangs-
läufiger Bestandteil der Grand Tour: Wer die Ebenen
der Lombardei, des Veneto oder der Campagna erleben wollte, mußte erst einen der unwirtlichen und damals auch nicht ganz ungefährlichen Pässe über das
Hochgebirge hinter sich bringen. Dabei entdeckten
Reisende auf dem Weg in den Süden, daß auch diese
bislang als feindlich, häßlich und gefährlich geltende
Spielart der Natur ihren Reiz hatte, daß die Steil-

95

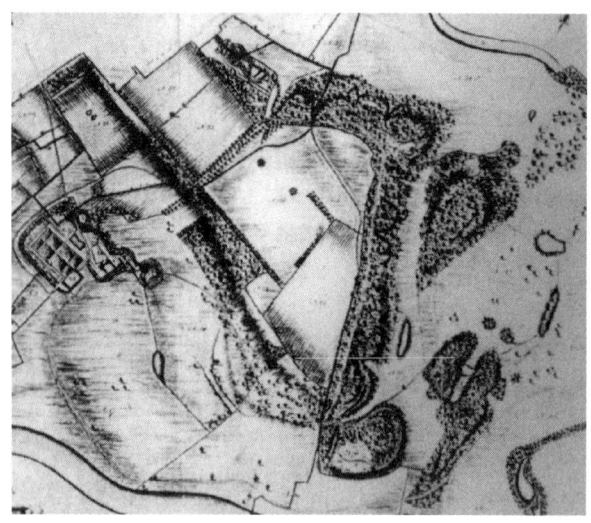

Plan von Hawkstone Park (Ausschnitt)

wände und Felsschluchten zwar bedrohlich wirkten,
diese Bedrohung dem Naturschauspiel jedoch eine
besondere Spannung verlieh – vorausgesetzt natürlich, man befand sich selbst in Sicherheit. Im Hochgebirge entdeckten Grand Touristen auf der Durch-
reise das Erhabene in der Natur, das Vergnügen an
einer Landschaft, die nicht schön und eben war, sondern wild, urwüchsig und schroff. Zahllose Reisebe-
richte, Briefe und Tagebücher erzählten von atembe-
raubenden Aussichten, ewigem Eis und der unbändi-
gen Kraft tosender Wasserfälle. Stiche und Gemälde
verbreiteten das Bild entsprechend dramatischer Na-
turschauspiele (wobei vor allem der italienische Landschaftsmaler Salvator Rosa, »wilder Salvator« genannt,
für seine Darstellungen erhabener Szenen berühmt
war). Immer mehr Menschen zog es in die Berge, um
das Erhabene mit eigenen Augen zu sehen. Am Ende
des Jahrhunderts war die Schweiz, nicht mehr Italien,
das meistbesuchte Land Europas. Es war das erste

Land, das seiner landschaftlichen Reize wegen touristisch erschlossen wurde.

In den Landschaftsgärten trat neben die Italienreminiszenz das Alpenzitat, neben die Feier der schönen Natur die Lust an der erhabenen, deren Wildheit und Unregelmäßigkeit sich effektvoll mit gotischen Mauerresten, ruinösen Teufelsbrücken und düsteren Grotten unterstreichen ließ. Von allen Inszenierungen der erhabenen Natur in den Gärten des 18. Jahrhunderts ist Hawkstone die spektakulärste.

Man betritt den Garten heute über das ehemalige Gewächshaus auf dem ELYSIAN HILL, an den sich der TERRACE HILL anschließt, der über eine dreiviertel Meile Aussichten in die sich windenden Täler zwischen den Sandsteinbergen und in die Umgebung bietet. Mit dem RED CASTLE aus dem 13. Jahrhundert hat Hawkstone Park, passend zum Charakter der felsigen Landschaft, zudem eine echte mittelalterliche Burgruine zu bieten. Die eigentliche Sensation aber ist der GROTTO HILL, den die Hills mit der Nachahmung eines ruinösen gotischen Mauerbogens gekrönt haben. Schmale Wege winden sich den Berg hinauf. Die in den rötlichen Fels getriebenen Pfade führen an Steilwänden entlang zu allerlei Gebäuden und Aussichtspunkten, zu einem gotischen Turm etwa, zu einem Monument mit einer Aussichtsplattform und zu einer Urne, die an eine dramatische Geschichte erinnert, die sich hier einst abgespielt hat. Auf dem Sockel, der die Urne trägt, kann man sie nachlesen. Überhaupt haben sich die Hills bei der Dramatisierung des Geländes vielfach der gängigen Technik bedient, die Gartenbesucher mit Hilfe von Inschriften und Hinweistafeln in eine bestimmte Stimmung zu versetzen und ihre Phantasie zu stimulieren.

Beliebt in ›erhabenen‹ Gartengegenden war die Einrichtung von Eremitagen. Sie erinnerten an ein

naturverbundenes Leben in grauer Vorzeit. Angesichts der Erd- und Felshöhlen konnte man sich ausmalen, wie Menschen ganz ohne Kultur und Fort-
schritt, Aufklärung und Wohlstand gelebt haben
mochten. Die Eremitage von Hawkstone war sogar
bewohnt. Die Hills hatten einen echten Eremiten für
ihre künstliche Eremitage unter Vertrag. Er hieß
Francis und war gehalten, einen Spruch aufzusagen,
wenn Spaziergänger vorüberkamen. Dieser Überra-
schungseffekt, der die feinen Herren und die zarten
Damen auf ihrem Spaziergang zusammenzucken ließ,

Die Urne

war nicht einmal außergewöhnlich. Charles Hamilton, zum Beispiel, hatte für seinen Park Painshill bei Cobham per Zeitungsannonce einen geeigneten Eremiten gesucht. Ihm war verboten, sich Haare, Bart und Nägel zu schneiden, er durfte das Gelände nicht verlassen, kein Wort sprechen und sollte erst nach sieben Jahren gewissenhafter Vertragserfüllung bezahlt werden. Nach drei Wochen fand man ihn in einem nahegelegenen Pub. Der Eremit von Hawkstone wurde im 19. Jahrhundert durch einen Automaten ersetzt. Heute spricht er per Videoinstallation zu den Gartentouristen.

Die größte Attraktion von Hawkstone ist ein in den Grottenberg getriebenes Höhlensystem. Am Eingang des Parks werden heute Taschenlampen angeboten, ihr Gebrauch wird durch ein Hinweisschild »highly recommended«. Das ist durchaus ernst zu nehmen. Denn der Weg durch Hawkstone Park verschwindet immer wieder auf unbestimmte Zeit im Dunkel unterirdischer Katakombengänge. Die Serpentinenwindungen sorgen zeitweise für völlige Dunkelheit. In den Fels gehauene Säle öffnen sich, Felsdurchbrüche geben dramatische Blicke auf Steilhänge und Schluchten frei. Zum Ruhm des Parks hatte im 18. Jahrhundert ein gedruckter Führer beigetragen, der auch in London verkauft wurde, um Besucher anzulocken. Zur Grotte hieß es darin: »Das Ganze ist mit meisterhafter Kühnheit ausgeführt, vollkommen auf die umliegenden Szenen abgestimmt, und hat nichts von der allüblichen niedlichen Verkleidung und Petitesse, die aus Grotten gewöhnlich eher künstliche Baby-Häuser machen als große natürliche und romantische Höhlen.«

Der mit Lust erlebte Schreck angesichts der erhabenen Natur wurde insbesondere an den Grottenausgängen inszeniert: Kaum sieht man nach langer Dunkelheit das Tageslicht wieder, bricht der Weg plötzlich an einer Felskante ab, unter der sich eine gähnend tiefe Schlucht auftut. Nach dem überraschten Ausruf eines der berühmtesten Besucher von Hawkstone, des umtriebigen Gelehrten und Schriftstellers Dr. Johnson, heißt die eindrucksvollste dieser Stellen seit 1774 THE AWFUL PRECIPICE. Dr. Johnson hat ausführlich beschrieben, wie er Hawkstone erlebte: »Wer die Felsen von Hawkstone erklimmt, fragt sich, wie er wohl hierhergekommen ist, und zweifelt, ob er je wieder zurückfinden wird. Sein Gang ist ein Abenteuer, seine Abreise Flucht.«

Die zeitgenössischen Beschreibungen von Hawkstone Park lesen sich wie Berichte von Alpenreisenden. Da man es gewohnt war, die Anspielungen der Kunstlandschaften in der Phantasie mit ihren Vorbildern zu verschmelzen, verschwand der Unterschied zwischen Original und Kopie, der heutigen Besuchern als erstes ins Auge springt, in der literarischen Rekapitulation der Erlebnisse im Garten. Ein Wegweiser auf dem GROTTO HILL gab vor, welcher Art

Felsensaal im GROTTO HILL

dieses Erlebnis hier sein sollte: »To a Scene in Switzerland«, kündigte er an. Bei allem Respekt vor den ungewöhnlichen Felsformationen von Shropshire bedarf diese Assoziation dann doch einiger Phantasie. Sie wurde nicht nur durch den Wegweiser stimuliert, sondern auch durch den Bau einer schmalen Brücke aus unbehandelten Baumstämmen, die den Eindruck erweckte, als sei sie notdürftig über eine tiefe Felsschlucht geschlagen worden, um überhaupt ein Weiterkommen zu ermöglichen. Der zeitgenössische Hawkstone-Führer warnte: »For the enjoyment of this charming and astonishing scene, a steady head and a steady foot are both equally necessary.« (»Um diese reizende und erstaunliche Szene genießen zu können, bedarf es eines besonnenen Kopfes ebenso wie eines besonnenen Schritts.«)

Aber die Hills beschränkten sich in ihrem Felspark nicht auf die Inszenierung der Gebirgsnatur. Auch in andere Regionen dieser Welt, von denen Reisende berichteten, wollten sie die Daheimgebliebenen versetzen. In den letzten Jahrzehnten des 18. Jahrhunderts beschäftigten Tahiti und andere Südseeinseln die Gemüter, insbesondere nachdem Captain Cook das Tagebuch seiner Südseereise veröffentlicht hatte. Ein Stich aus Cooks Werk gab die Vorlage für den Bau einer Strohhütte im Gartengebirge von Hawkstone. Ein Wegweiser kündigte sie mit den Worten an: »To a Scene of Otaheite«.

Stowe: TEMPLE OF CONCORD AND VICTORY,
GRECIAN VALLEY und Grenville-Säule
(Stich von Bickham nach Chatelain, 1753)

Freiheit, Elysium und Satire
oder The best idea of Paradise that can be

STOWE, BUCKINGHAMSHIRE

Im Jahr 1731 hatte der Dichter Alexander Pope ein langes Loblied auf den Garten von Chiswick mit der Überschrift *Epistle to Lord Burlington* verfaßt. Er hatte darin die Grundzüge der Landschaftsgärtnerei entworfen, das Urbild eines Englischen Gartens, der anfangs auch das Abbild einer gerechten politischen Verfassung und einer guten Gesellschaftsordnung sein sollte. Freiheit der Natur und Freiheitlichkeit der Verfassung wurden in der Ikonographie des Englischen Gartens zu Synonymen. Schon Pope hatte die Anpassung der Gärten an ihre unbearbeitete Umgebung gefordert. Vielzitiert waren seine Worte:

»Consult the Genius of the Place in all; / That tells the Waters or to rise, or fall, … / Calls in the Country, catches opening glades, / Joins willing woods, and varies shades from shades … / Nature shall join you, Time shall make it grow / A Work to wonder at – perhaps a STOW.«

(»Ziehet das Genie des Orts zu Rathe; dieses wird euch sagen, ob das Wasser steigen oder fallen müsse … es bringt das Landmäßige herein, bildet offene Gänge, läßt gehorsame Wälder zusammenstoßen, und Schatten abstechen; …
die Natur wird euch zu Hülfe kommen, und die Zeit wird euer Werk zu einem Wunder, vielleicht zu einem STOW machen.«)

Stowe war Popes Lieblingsgarten: »Wenn irgendet-was diesseits des Paradieses mich über alles Irdische erheben könnte, dann wäre das Stowe«, schrieb er über das Landgut der Familie Temple, eine der wich-tigsten Anlagen für die Entwicklung der Gartenkunst in England.

Wo einst ein ausladender Barockpark die Besucher anzog, wuchs später über Jahrzehnte einer der schön-sten, größten und eindrucksvollsten Gärten im Engli-schen Stil. Jede Phase der Entwicklung der Garten-kunst im 18. Jahrhundert hat hier ihre Spuren hinter-lassen. Meilenlange Anfahrten wie in Castle Howard finden sich in Stowe ebenso wie das politische Pro-gramm von Chiswick, Tempel im griechischen, palla-dianischen und gotischen Stil und ein ausgeklügeltes System aus Serpentinenwegen und Pflanzeffekten, ein Netz von Sichtachsen, die Bezüge zwischen ver-schiedenen Szenen herstellen, das Ganze umgeben von einem der längsten und ältesten Hahas Englands. Vor der Südfassade des pompösen Hauses (heute das Domizil eines noblen Internats) ist die Ausrichtung der Barockanlage noch auszumachen, obwohl die re-gelmäßigen Parterres in den vierziger Jahren des 18. Jahrhunderts umgepflügt und durch eine großzügige Rasenfläche ersetzt wurden. Der langgezogene künst-liche See mit seinen unregelmäßigen, scheinbar natür-lichen Uferlinien trägt nach seiner früheren Gestalt heute noch den Namen OCTAGON LAKE.

Alle wichtigen Gartenkünstler des 18. Jahrhun-derts haben in Stowe gearbeitet. William Kent kam vom nahegelegenen Rousham hierher, bevor er die Gestaltung des Gartens ganz übernahm. Sein Nachfol-ger wurde schließlich der Mann, der die Kunst der Na-turnachahmung im Garten zur letzten Perfektion trei-ben sollte: Lanzelot Brown (1716–1783). Er war der erste Landschaftsgärtner, der nie einen anderen Be-ruf ausgeübt hat. 1740 wurde er in Stowe angestellt und nach Kents Tod 1748 zum *Head-Gardener* von dreißig Gärtnern befördert. 1751 verließ er Stowe und machte sich selbständig. Immer mehr Gartenbesitzer im ganzen Land verlangten nach seinen Diensten.

In Stowe hat Brown die Arbeit seiner Vorgänger nicht überbaut, sondern fortgeführt und die verschiedenen Partien des Gartens zu einem großen Ganzen verschmolzen. Man muß sich Zeit nehmen für einen Gang durch die Gartenwelt von Stowe. Gut drei Meilen ist der Rundgang lang, und dann hat man längst nicht alle Nebenwege abgeschritten. Bei einer Bestandsaufnahme im Zuge aufwendiger Restaurierungsarbeiten sind 1990 über neunzig mehr oder weniger aufwendig gestaltete Einzelszenen identifiziert worden. Viele Gartengebäude sind verschwunden, aber mehr als drei Dutzend stehen noch (oder wieder). Den Ausmaßen des Geländes angemessen, sind viele von ihnen außergewöhnlich groß und massiv. Die Familie Temple war reich, und Sir Richard Temple, Viscount Cobham (1675–1749), und sein Neffe Richard Grenville, 2nd Earl Temple (1711 bis 1779), steckten viel Geld in ihren Garten, dessen Ruhm bald weit über die Grenzen Englands hinausreichte. Der erste Gartenführer, der je gedruckt wurde, war ein Führer durch Stowe aus dem Jahr 1742. Dieser Park spielte für die Verbreitung der Mode des Englischen Gartens auf dem Kontinent eine wichtige Rolle. Was Versailles für den Französischen Garten, war Stowe bald für den Englischen.

Sir Richard Temple, 4th Baronet und ab 1718 Viscount Cobham, war nicht nur mit Alexander Pope befreundet, sondern auch mit John Vanbrugh, der mehrere Tempelbauten und Gartenszenen für Stowe entwarf, als 1715 mit der Vergrößerung der Anlagen begonnen wurde. William Kent brach die formale Ausrichtung der Anlage auf, und Lanzelot Brown öffnete den Garten schließlich vollends dem Spiel mit der Grenze zwischen Natur und Kunst. In Temples ersten Entwürfen überwog allerdings das politisch-philosophische Bildprogramm noch die Nachahmung der Natur. Erst mit Kent entwickelte die Gartenkunst eine an der Natur orientierte Formensprache, die den formalen Parks der Franzosen auf subtile Weise eine Alternative entgegensetzte, indem sie die Idee politischer Freiheit – und mit ihr die Kritik am Absolutismus – in das Ideal einer sich scheinbar natürlich und frei entfaltenden Gartenlandschaft überführte.

Zuvor hatten die Gartengestalter von Lord Burlington über Henry Hoare bis zu Richard Temple vor allem auf Gebäude und Skulpturen gesetzt, um zu signalisieren, daß ein neues Zeitalter begonnen hatte, als das Regime der Stewarts 1688 gestürzt worden war. Der Rückgriff auf die Bauten der Antike und bald auch der Renaissance und der Gotik (der wichtigsten historischen Epochen vor der Zeit des Absolutismus) diente der Demonstration des neuen Geistes, der durch die »augusteische Epoche« wehen sollte.

Kein Englischer Garten wird so von seinem politischen Programm dominiert wie Stowe. Allerdings verschob sich dessen Bedeutung. Als Temple mit der Umgestaltung begann, gehörte er dem Kreis der führenden Whigs an. Wie für Lord Burlington endete allerdings auch für ihn die politische Karriere 1733 nach Meinungsverschiedenheiten mit dem Kanzler Robert Walpole. Der mittlerweile zum Viscount Cobham avancierte Temple schloß sich mit anderen Whigs zusammen, die es vorzogen, in die Opposition zu gehen. Stowe wurde zum Treffpunkt für all jene, die dem ursprünglichen Programm der Whigs treu blieben und gegen die Korruption sowie die Intrigen- und Vetternwirtschaft in London ankämpften. Was zunächst als allgemeiner philosophischer Entwurf geplant war, wurde zu einem politischen Manifest der Opposition. Der Ernst, mit dem Lord Cobham dieses Anliegen verfolgte, wurde bewundert, aber auch verspottet – es ist gut möglich, wenn auch nicht erwiesen, daß das ironisch-fröhliche Gartenprogramm von West Wycombe auch als Replik auf Stowe gemeint war.

Es war wohl die Lektüre eines Essays von Joseph Addison im *Spectator* vom 21. Januar 1710, die Temple die Idee zu seinem philosophischen Garten eingab. Addison erzählt darin einen allegorischen Traum. Er beginnt in einem Wald voller Menschen. Mit ihnen geht er einen Weg entlang, der an einer Reihe von Gebäuden vorbeiführt, unter anderem an einem Tempel der Tugenden, einem Tempel der Ehre und einem ruinösen Tempel der Eitelkeit. Alle diese Gebäude finden sich in Stowe wieder. Selten gibt sich die enge Verbindung des Englischen Gartens zur Literatur so deutlich zu erkennen wie hier. Das »augusteische« England hatte mit der Kultur des alten Rom auch die literarische Satire in der Tradition Juvenals wiederbelebt. Pope, Addison, Swift und viele andere Autoren dieser Zeit nutzten die Möglichkeiten der Satire, um ihre Gegner bloßzustellen und ihre Ideale auszumalen. Der Gestus der literarischen Satire weht auch durch den Garten von Stowe, der die Utopie einer besseren Welt vorführen sollte. Elizabeth Montague schwärmte 1744: »Stowe ist beyond description, it gives the best ideas of paradise that can be.« (»Stowe läßt sich nicht beschreiben, es vermittelt die vollkommenste Idee vom Paradies, die man sich denken kann.«)

Gleich zu Beginn des Rundgangs präsentiert sich heute das massivste Gebäude von Stowe, einer der größten Gartentempel, die überhaupt je in einem Englischen Garten errichtet wurden: der TEMPLE OF CONCORD AND VICTORY (Tempel der Eintracht und des Sieges). Die hohe Säulenfront ist nach Westen ausgerichtet. Bei Sonnenuntergang färben sich die

Kolonnaden rot. Auch das Spiel mit Licht und Schatten, selbst die verschiedenen Grüntöne der Bäume und die herbstliche Färbung des Laubs überließen die Landschaftsgärtner des 18. Jahrhunderts bei der Gestaltung ihrer künstlichen Paradiese nicht dem Zufall. Ein konkretes Vorbild für diesen Tempel, dessen Tympanon allerlei exotische Tiere bevölkern (einschließlich einer Schildkröte), gibt es nicht. Er entstand ab 1747 und wurde nachträglich dem Gedenken an das Bündnis Englands mit Preußen im Siebenjährigen Krieg gewidmet. Vor den Stufen erstreckt sich ein langes Wiesental, das GRECIAN VALLEY, das Lanzelot Brown zwischen 1747 und 1749 ausheben ließ. Brown hatte geplant, es mit einem künstlichen See zu beleben. Das GRECIAN VALLEY gibt einen Vorgeschmack auf den späteren Stil Brownscher Gärten, die mit den Grundelementen der Natur spielen: Rasen, Wasser, Bäume, Himmel und Licht. Die Ausmaße des Tempels und die Großzügigkeit des Tals gehen weit über die Landschafts- und Architekturanspielungen der meisten Englischen Gärten hinaus. In den Anlagen Browns ist die Phantasie der Besucher weniger gefordert als in älteren Landschaftsgärten. Brown wollte nicht an eine Ideallandschaft erinnern, er wollte sie tatsächlich schaffen. In Stowe hat er damit begonnen.

Während man am Rand des Tals entlanggeht, öffnet sich der Garten linkerhand der Umgebung jenseits des Haha. Der Weg führt an verschiedenen Gebäuden vorbei in einen Wald. Auf einer Lichtung stehen sieben merkwürdige Gestalten auf betont schlichten Sockeln. Es sind Sunna, Mona, Tiw, Woden, Thuner, Friga und Saetern, germanische Gottheiten, auf die die Bezeichnung der Wochentage (im Englischen wie im Deutschen) zurückgeht. Diese SAXON DEITIES sollten daran erinnern, daß es Sachsen waren, die einst eine andere, bessere Gesellschaftsordnung auf die bri-

tische Insel gebracht hatten. Gleichzeitig wollte Lord
Cobham womöglich darauf anspielen, daß die neu
gewonnene Freiheit der Briten durch das deutsche
Haus Hannover garantiert wurde. Kaum eine Szene
im Garten von Stowe verzichtet auf eine aktuelle politische Botschaft. Das gilt auch für den GOTHIC
TEMPLE aus dem Jahr 1744, der, halb Turm, halb gotische Kirche, in einiger Entfernung auf einem Hügel
thront, umgeben von freistehenden, unbeschnittenen
Bäumen. Eine Inschrift an diesem gotischen Haus
mit seinen Zinnen, Spitzbogenfenstern und Türmchen verkündet: »To the Liberties of our Ancestors«.
Wie der gotische Turm in Stourhead, der zwanzig
Jahre später entstand, erinnert es an den legendären
König Alfred. Durch diese Hinweise auf die lange Tradition von Freiheit und Gerechtigkeit auf der britischen Insel eingestimmt, betritt man das Herzstück
des Gartens, die ELYSIAN FIELDS. Dieses malerische
Tal, durch das sich ein kleiner Fluß schlängelt, ist das

The Gothic Temple.

The Temple of Antient Virtue.

Werk William Kents. Als Brown 1740 nach Stowe
kam, stand es kurz vor der Vollendung. Wie in Chiswick und Rousham ließ Kent den Fluß einer Grotten-
kaskade entspringen. Er heißt STYX und trennt uns
von den Elysischen Feldern, dem Paradies der alten
Griechen, in dem sich die von den Göttern für die
Unsterblichkeit auserwählten Helden versammeln. In
diesem Tal hat Cobham mit Kents Hilfe Joseph Addisons allegorischen Traum Wirklichkeit werden lassen.
    Der Rundtempel auf einem Hügel über dem STYX
trägt den Namen TEMPLE OF ANCIENT VIRTUE. »Pris-
cae Virtuti« ist über dem Eingang zu lesen. Im Inneren finden sich Statuen von Homer, Epaminondas,
Sokrates und Lykurgos – der größte Dichter, der
wichtigste Philosoph und der tapferste Krieger der
Antike sowie der Initiator eines neuen Gesetzes-
werks, der seinem Land Sparta (wie die Whigs ihrer
Heimat England) zu einer freiheitlichen Verfassung
verhalf. Es ist der Tempel der Tugenden aus Addisons
literarischem Traum. Der dazugehörige Tempel der
Eitelkeit hatte in unmittelbarer Nachbarschaft seinen
Platz: die schwer demolierte Ruine eines klassischen
Tempels mit Namen TEMPLE OF MODERN VIRTUE.

Zwischen den Mauerresten stand früher eine kopflose Figur in zeitgenössischer Kleidung. Damit war auf jeden Fall die Zeit im allgemeinen, vielleicht aber auch Sir Robert Walpole im besonderen gemeint. Der Rasen um den Tempel der alten Tugend wurde stets kurz gehalten, während die Ruine der zeitgenössischen Tugend von einer ungepflegten Wiese überwuchert wurde (bis sie irgendwann ganz verschwand).

Der Tempel der Ehre aus Addisons Traum nahm in Kents ELYSIAN FIELDS als TEMPLE OF BRITISH WORTHIES Gestalt an. Er liegt am anderen Ufer des STYX und trägt palladianische Züge, verkörpert also eine zeitgemäße Adaption der griechisch-römischen Musterkultur. Eine Marmorstatue des Götterboten Merkur, zu dessen Aufgaben es gehört, die künftigen Unsterblichen ins Elysium zu geleiten, signalisierte, daß hier die Anwärter auf einen Ehrenplatz im Paradies versammelt waren. Sechzehn Steinbüsten von verdienten Persönlichkeiten, darunter Alexander Pope, Inigo Jones, John Milton, König Alfred, William Shakespeare, John Locke, Isaac Newton, Francis Drake und – als einzige Frau – Königin Elizabeth I., schauen über den STYX hinweg zum TEMPLE OF ANCIENT VIRTUE auf. Ein siebzehnter *British Worthy* wird auf der Rückseite mit einer Inschrift gewürdigt: »Zum Gedenken an Signor Fido, einen Italiener von guter Herkunft, der nach England kam, nicht, um uns zu beißen, wie die meisten seiner Landsleute, sondern um ein ehrliches Leben zu führen.« Der Text endet nach einer langen Eloge mit den Worten: »Leser, dieser Stein ist frei von Schmeichelei; denn der, dem er gewidmet ist, war kein Mensch, sondern ein Windhund.«

Lediglich ein Zeitgenosse hat den Einzug ins Elysium bereits geschafft: Capt. Thomas Grenville, einer der zahlreichen Neffen des kinderlosen Cobham, der 1747 in einer Seeschlacht gegen die Franzosen tödlich

The Palladian Bridge.

verwundet worden war. Zu seinem Gedenken ließ
Cobham eine Säule errichten, die 1756 in die ELYSIAN
FIELDS versetzt wurde. Statt Neptun thront seither
Kalliope, die Muse der Heldenliteratur, auf der Säu-
lenspitze.

Man verläßt die Elysischen Felder über eine Wiese,
die sich bis zum See hinunter erstreckt, der an dieser
Stelle schmal ist wie ein Fluß. Eine elegante, über-
dachte Brücke leitet den Spaziergänger in die Garten-
partie jenseits des Sees. Das 1737 errichtete Bauwerk
wird PALLADIAN BRIDGE genannt, obwohl kein ent-
sprechender Entwurf Palladios bekannt ist. Es ist vielmehr die Kopie einer fast identischen Brücke, die ein
Jahr zuvor im Park von Wilton House in der Nähe
von Salisbury errichtet worden war. In Prior Park bei
Bath wurde sie 1755 noch einmal nachgebaut. Die
Landschaftsgärtner suchten nicht nur in fernen Län-
dern und architektonischen Vorlagebüchern nach An-
regungen, sondern auch in anderen Parks. Die Gartentouristen des 18. Jahrhunderts waren es gewohnt,
immer wieder auf dieselben Gebäude zu stoßen.

Die wichtigsten Bauten am Südufer des Sees sind
ein TEMPLE OF VENUS und eine Eremitage von Kent

sowie der TEMPLE OF FRIENDSHIP. Hier traf sich Cobham mit seinen politischen Freunden. Deshalb befand sich im Untergeschoß neben einer Küche ein gutbestückter Weinkeller. Die Whigs, die 1733 in die Opposition gegangen waren, wurden »Boy Patriots« oder »Cobham's Cubs« genannt (es waren mehrere von Cobhams Neffen darunter). Ihr Vorbild war Frederick, Prince of Wales. Der war 1737 zu Gast in Stowe, und zum Gedenken an diesen Besuch wurde der TEMPLE OF FRIENDSHIP errichtet. Von hier aus konnte Cobham seinen Garten überblicken.

Baumgürtel begrenzen den weiten Panoramablick über den See und die Palladiobrücke hinweg. Der TEMPLE OF VENUS, der TEMPLE OF ANCIENT VIRTUE und der GOTHIC TEMPLE sind von hier aus ebenso zu sehen wie ein bunt bemaltes CHINESE HOUSE in einer kleinen Waldlichtung und ein freistehender Triumphbogen auf einer großen Wiese, das Eingangstor zum westlichen Teil des Gartens, dessen Thema nicht die Politik ist, sondern die Liebe. Die zentrale, zugleich die weiteste Sichtachse vom TEMPLE OF FRIENDSHIP aus ist auf den klassizistischen QUEEN'S TEMPLE gerichtet, in dem Lady Cobham ihre Freundinnen um sich versammelte, während die Männer im Freundschaftstempel politisierten.

Zwischen dem Ostteil und dem Westteil des Gartens öffnet sich eine grandiose Aussicht, die die barocke Zentralachse beerbt. Über eine weite Rasenfläche, den See und das Haha hinweg blickt man weit in die Landschaft. Am Horizont zieht sich ein Baumgürtel entlang, in dessen Mitte ein Triumphbogen einen Blick ins Unendliche erlaubt. Die scheinbar unberührte Weite einer durch nichts begrenzten Ideallandschaft zu inszenieren, wurde zum Programm Lanzelot Browns, der diesen Ausblick geschaffen hat.

Blenheim. Blick auf das Haus von Norden
(Stich von John Boydell, 1752)

Die Brücke ohne Fluß
oder Wettbewerb der Gigantomanen

BLENHEIM, OXFORDSHIRE

»Themse, Themse, das wirst Du mir nie verzeihen!«
rief Lanzelot Brown aus, als er in Blenheim Park zwei
riesige, ineinander übergehende Seen ausgehoben
hatte, die er offenbar schöner fand als alle Landschaftsszenen, die die Natur selbst hervorgebracht
hat, die Ufer der stolzen Themse eingeschlossen.
Selbst König George III. rief aus: »Wir haben nichts,
was dem hier gleicht!«
    Es gibt zwei Eingänge zum Garten von Blenheim.
Die Entfernung zwischen ihnen läßt bereits erahnen,
daß sich hinter der hohen Mauer eine Anlage von
enormen Ausmaßen verbirgt – achthundertundvier-
zig Hektar gestalteter Landschaft. Man sollte unbedingt den hinteren Eingang benutzen. Eine Straße endet hier am Rande der kleinen Ortschaft Woodstock
vor einem schmalen, hohen Triumphbogen im römischen Stil. Die Aussicht, die sich jenseits dieses Tors
eröffnet, übertrifft jede Erwartung. Ein wohlgeform-
ter See mit einer baumbestandenen Insel liegt in einer
Senke, umgeben von sanften Rasenhügeln und verstreuten Baumgruppen. Wüßte man nicht, daß man
sich einem Garten befindet, man käme wohl kaum
auf die Idee, daß hier alles Kunst ist, nicht Natur.
Allein die Geschlossenheit des Bildes und das vollendete Verhältnis der einzelnen Bestandteile zueinander würden den Betrachter vielleicht stutzig machen.
So sieht die Natur in der Regel nicht aus, so stellen

wir sie uns vor. Die Formen tun dem Auge wohl, allerdings lassen die ungeheure Ausdehnung dieser Landschaft und die Dimensionen der Gebäude, die dazugehören, den staunenden Besuchern den Atem stocken. Eine mächtige Brücke überspannt den See, und in einiger Entfernung erheben sich die sandfarbenen Mauern eines Palasts, der wirkt, als sei er nicht von dieser Welt. Seit zwei Jahrhunderten überschlägt sich die Rhetorik der Gartentouristen beim Versuch, diesen Blick in Worte zu fassen. Einer von ihnen beschrieb den Schritt durch den Triumphbogen mit den Worten: »Es ist nicht der Übergang von nichts zu etwas, sondern von nichts zu allem.«

Was Lanzelot Brown in Stowe ausprobiert hatte, entwickelte er als selbständiger Landschaftsgärtner zu einem eigenen, unverwechselbaren Stil. Verwechseln kann man diese Gärten allenfalls mit der Natur selbst. Brown begnügte sich nicht mit Anspielungen und Miniaturnachahmungen, seine Landschaften sollten es wirklich mit der Natur aufnehmen können. Er wollte vollenden, was in der Schöpfung als Möglichkeit angelegt war. Er war nie in Italien, sein Landschaftsideal war von Anfang an von der Arbeit im Garten geprägt. Er setzte nicht die Bilder Claude Lorrains und die Landschaftsbeschreibungen von Italienreisenden mit gärtnerischen Mitteln um, sondern schaute mit den Augen Claudes auf die grünen Hügel Englands und wollte beweisen, daß es möglich sei, auch ihnen die an den Bildern der italienischen Landschaftsmaler so geschätzte harmonische Schönheit zu verleihen, die die sanften Hügel der Campagna in der Erinnerung der Grand Touristen angenommen hatten. Browns Konzept ging vor allem dort auf, wo Geld keine Rolle spielte und wo er uneingeschränkt Platz hatte. Blenheim war für ihn eine besondere Herausforderung. Hier hatte er nicht nur die Landschaft zu modellieren, er mußte es darüber hinaus mit dem Erbe eines Künstlers aufnehmen, der ein halbes Jahrhundert zuvor auf seine Weise daran gearbeitet hatte, alle gewohnten Grenzen zu sprengen: John Vanbrugh. Von ihm stammen die Bauten, die Brown in seine Landschaft integrieren mußte.

Am 13. August 1704 hatten die alliierten Truppen unter der Führung von John Churchill, 1st Duke of Marlborough, in der Schlacht von Blenheim an der Donau das Heer Ludwigs XIV. besiegt. Aus Dank vermachte Queen Anne, die seit 1702 England regierte, Marlborough den königlichen Jagdsitz Woodstock Manor und versprach, ihm hier ein Haus zu errichten, das den Namen Blenheim tragen sollte. Niemand schien geeigneter, einen solchen Ruhmestempel zu bauen, als John Vanbrugh, der in Castle Howard bereits unter Beweis gestellt hatte, daß er sich auf die Inszenierung von Größe verstand. Er entwarf einen Palast, der den Vergleich mit Castle Howard nicht zu scheuen braucht. Mehr noch setzte der ehemalige Bühnenschriftsteller und Dekorationsmaler Vanbrugh hier auf theatralische Effekte. Die verschachtelte Dreiflügelanlage ist nach den Regeln der Bühnenbildnerei auf ihre perspektivische Wirkung hin konzipiert. Von der Gartenseite aus betrachtet, verengt sich das Ge-

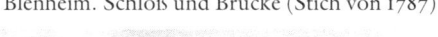

Blenheim. Schloß und Brücke (Stich von 1787)

bäude, es saugt den Raum regelrecht auf. Türmchen, Schornsteine, Dächer in unterschiedlicher Höhe und allerlei Verzierungen lockern den pompösen Charakter nicht etwa auf, sie verstärken die verspielte und zugleich wuchtige Monumentalität noch. Wenn man sich dem Schloß langsam nähert, womöglich in der Dämmerung oder wenn Nebelschwaden über das Gelände ziehen, beschleicht einen leicht das Gefühl, einer Fata Morgana zu erliegen.

Blenheim Palace gilt als Höhepunkt des Englischen Barock. Die barocke Lust am Pomp, an der Zurschaustellung von Macht und Reichtum paart sich hier mit Vanbrughs theatralischer Gigantomanie. Das Haus ist groß, wirkt aber mit seinen Flügeln, Säulenkolonnaden und unterschiedlichen Traufhöhen noch viel größer. – »Behold the glorious piles ascending / Columns swelling, arches bending« (»Und seht die herrlichen Gebäude steigen / die Säulen schwellen, die Bögen sich neigen«), dichtete Joseph Addison. Wie in Castle Howard half auch in Blenheim Nicholas Hawksmoor bei der Umsetzung der Pläne. Wieder ist das Herz des Baus eine riesige Halle, sie hat eine Höhe von gut zwanzig Metern. Und natürlich hat Vanbrugh auch hier auf eine meilenlange Anfahrtsallee nicht verzichtet, über die man sich seinem Palast allmählich annähern sollte. Sie lag allerdings derart unpraktisch, daß sie so gut wie nie benutzt wurde.

In Blenheim wollte Vanbrugh es mit Versailles aufnehmen, mit dem berühmten Schloß des besiegten französischen Königs. Bereits 1705 wurde mit der Anlage eines riesigen Gartenparterres vor der Nordfassade begonnen. Es erstreckte sich über eine Länge von fast 800 Metern. Vanbrugh ließ es von einer kräftigen, begehbaren Mauer einfassen, die von acht mächtigen Türmen durchbrochen war – eine uneinnehmbare Bastion. Schließlich galt es hier, einen militärischen Helden und eine siegreiche Schlacht zu verewigen, und schon in Castle Howard war Vanbrughs Faible für den Festungsbau nicht zu übersehen. Selbst den Blumengarten, den er östlich des Hauses für Lady Sarah Marlborough anlegte, schloß er, sehr zu deren Ärger, mit einer riesigen Mauer ein.

Vanbrughs Pläne brachten die Herzogin immer wieder auf. Als er auch noch die Ruine des mittelalterlichen Woodstock Manor zum Ziel einer Sichtachse machen wollte, protestierte sie energisch. Vanbrugh meinte, der Anblick des verfallenen Gemäuers »wäre eine Szene, wie sie sich die besten Landschaftsmaler nicht passender ausdenken könnten«. Aber er blieb allein mit dieser Meinung. Es sollte noch einige Jahrzehnte dauern, bis Ruinen tatsächlich – in Gemälden wie in Gärten – zum allseits beliebten Accessoire von Landschaftskompositionen wurden. Da war Woodstock Manor allerdings bereits abgebrochen. Im Sommer 1716 überwarf sich Vanbrugh endgültig mit der Herzogin und reiste wütend ab. Als er 1725, ein Jahr vor seinem Tod, noch einmal nach Woodstock kam, wurde er am Tor abgewiesen.

Hauptstreitpunkt zwischen der Herzogin und ihrem ungeliebten Baumeister war die Brücke im Park, »that damn'd bridge«, wie Lady Sarah sie nannte. Auf den Plänen des Architekten wird sie unter dem stolzen Namen PONS BLENHEIMENSIS geführt. Vanbrugh wollte daran erinnern, daß hier einst die siegreichen römischen Legionen marschiert waren. Über die Brücke, die die Gestalt eines römischen Viadukts erhalten sollte, wollte Vanbrugh die zentrale Achse des Gartens nach Norden über ein kleines Tal hinweg verlängern, das das Flüßchen Glyme hier in die Landschaft gegraben hatte. Der PONS BLENHEIMENSIS, mit dessen Bau 1708 begonnen wurde, sollte die stolzeste und prächtigste Brücke Europas werden. Vierundzwanzig Meter hoch wäre das Monument gewesen, wenn man den geplanten Arkaden-

aufbau ausgeführt hätte. Über dreißig Räume hätte
die Brücke beherbergen sollen. Vanbrugh prophezeite
Lady Sarah, sie würde, wenn sein Werk erst einmal
vollendet sei, dort einziehen wollen. Statt dessen verhinderte sie den Bau des zweiten Stockwerks.

Das eigentliche Problem war der Fluß Glyme, der
durch den mehr als dreißig Meter breiten mittleren
Bogen der Brücke floß und es selbst mühsam auf eine
Breite von zwei bis drei Metern brachte. Der Anblick
muß völlig grotesk gewesen sein. Vom Erhabenen
zum Lächerlichen ist es nur ein kleiner Schritt. In den
zwanziger Jahren bemühte sich Lady Sarah, den Fluß
wenigstens ein wenig aufzuwerten, indem sie ihn kanalisieren ließ, aber mit Vanbrughs Brücke konnte sie
es nicht aufnehmen. Der Spott der Zeitgenossen ver-
stummte angesichts der absurden Situation keineswegs, daß man erst viel Geld (immerhin 20 000
Pfund) ausgegeben hatte, um eine riesige Brücke zu
bauen, und dann noch einmal Unsummen investierte,
um dafür zu sorgen, daß auch Wasser hindurchfloß.
Es dauerte ein halbes Jahrhundert, bis die Brücke ein
ihr angemessenes Gewässer bekam.

Im Jahr 1763 beauftragte George Spencer, 4th

Vanbrughs Entwurf für die PONS BLENHEIMENSIS

Duke of Marlborough, Lanzelot Brown, die formale
Parkanlage in einen Landschaftsgarten zu verwandeln. Zehn Jahre lang arbeitete Brown in Blenheim.
Diese Arbeit machte ihn zu einem berühmten Mann.
Noch heute ist er als einziger Landschaftsgärtner den
meisten Engländern ein Begriff, und zwar unter seinem Spitznamen »Capability Brown«. Er geht darauf zurück, daß Brown jedes Gelände zunächst darauf hin abschätzte, welche Möglichkeiten (»capabili-
ties«) zu einer Verschönerung es bot. Denn das war
Browns Programm: Jede Gegend nach ihren Möglichkeiten (und nach den finanziellen Möglichkeiten
der Auftraggeber) so schön wie möglich zu gestalten.
Er wollte die Sehnsucht nach einem Idealbild der Natur, die die Begeisterung für die Landschaftsmalerei
ebenso genährt hatte wie die Landschaftszitate in
den Englischen Gärten, endgültig stillen, indem er
die Schönheit der Natur nicht nur in Zitaten und Kopien beschwor, sondern aus dem, was er vorfand,
wirklich vollendete Landschaften schuf.

In Blenheim gaben die Bauten den Maßstab vor:
das gigantische Schloß, die riesige Brücke, der Triumphbogen, den Lady Sarah 1723 zum Gedenken an

ihren verstorbenen Mann von Hawksmoor errichten ließ, und eine vierzig Meter hohe Siegessäule, die um 1730 in die Perspektive der Zentralachse des Parterres gestellt worden war. Brown wies diesen Bauten, die den alten Park beherrscht hatten, einen angemessenen Platz in der Landschaft zu. Zuerst pflügte er Vanbrughs Parterre um und ließ sämtliche Mauern verschwinden. Von den formalen Anlagen haben am Ende nur Vanbrughs Küchengarten und die GRAND AVENUE überlebt, die sich hinter der Siegessäule drei Meilen lang nach Norden in die Landschaft erstreckt. Erst im 20. Jahrhundert wurden um das Haus wieder formale Parterres angelegt.

Browns größte Herausforderung war es, Vanbrughs Brücke in die Landschaft einzubinden und nachträglich den Anschein zu erwecken, als hätten die natürlichen Gegebenheiten ihren Bau notwendig gemacht. Zu diesem Zweck staute er den Fluß. Die unteren Räume der Brücke wurden dabei geflutet, so daß sie nicht mehr ganz so hoch wirkte wie von Vanbrugh geplant. Zu beiden Seiten der Brücke formte Brown das gestaute Wasser zu Seen, deren Ufer er so lange bearbeiten ließ, bis sie ihm gefielen. Den Staudamm verwandelte er in eine Kaskade. Das Wasser des Glyme rauscht hier über eine malerisch zerklüftete Felsstufe, als sei es immer so gewesen – ein Bild, wie von Salvator Rosa gemalt. Der 4th Duke wußte diesen Effekt zu inszenieren. Er ließ oberhalb des Wasserfalls einen Weg anlegen. Immer lauter und eindringlicher wurde das Wasserrauschen, während man sich der Kaskade näherte. Schon dieses Geräusch sorgte dafür, daß in den Köpfen von Marlboroughs Gästen ein erhabenes Gartenbild entstand, aber es war weit und breit nichts davon zu sehen. Plötzlich versperrte dann auch noch ein Felsbrocken den Weg. Durch die Betätigung einer versteckten Feder konnte Marlborough die Enttäuschung seiner Gäste schlagartig in grenzenlose Bewunderung verwandeln: Der Stein bewegte sich zur Seite und gab den Blick auf die Kaskade frei.

Die Grenzen seiner Gärten verbarg Brown entweder durch Hahas oder, wie hier in Blenheim, indem er die Mauern hinter Baumgürteln versteckte. In Chiswick hatte Lord Burlington Sichtschneisen und Lichtungen aus einem Wald schneiden lassen, um seinen Gartenraum zu gestalten. Browns Gärten sind dagegen freie Landschaften, die von Wasserflächen, Rasenhügeln und Baumgruppen strukturiert werden. Nicht nur einzelne Szenen, der gesamte Raum ist als eine große Einheit komponiert. Durch geschicktes Heben und Senken des Bodens werden bestimmte Ansichten freigegeben, andere verstellt. All diese Ansichten sind wohl kalkuliert, auch wenn man Browns Gärten diese Berechnung nicht mehr ansieht. Kein Plan, kein Gemälde und kein Photo kann dieses dynamische Raumerlebnis wiedergeben. Der Gang durch den Raum bringt die rhythmisch gegliederten Landschaftsformationen in Bewegung und sorgt für immer neue Aussichten und Eindrücke. Dabei spielen gezielt angelegte Baumgruppen eine wichtige Rolle, sogenannte *Clumps*. Sie dienen der Oberflächengestaltung des Geländes und lenken den Blick. Sie sehen etwas zu geordnet aus, um wirklich natürlich zu wirken, aber gerade das befördert auf kaum merkliche Weise den Eindruck einer Ideallandschaft. Die lockere Bewaldung der Umgebung nimmt das rhythmische Spiel der *Clumps* jenseits der Gartengrenzen auf. Browns unter großem Aufwand scheinbar dezent manipulierte Landschaft reicht so bis zum Horizont, und unsere Einbildungskraft setzt sie ganz von selbst auch darüber hinaus fort. Der Garten zitiert nicht mehr die Schönheiten der Welt, die ganze Welt wird zum Englischen Garten.

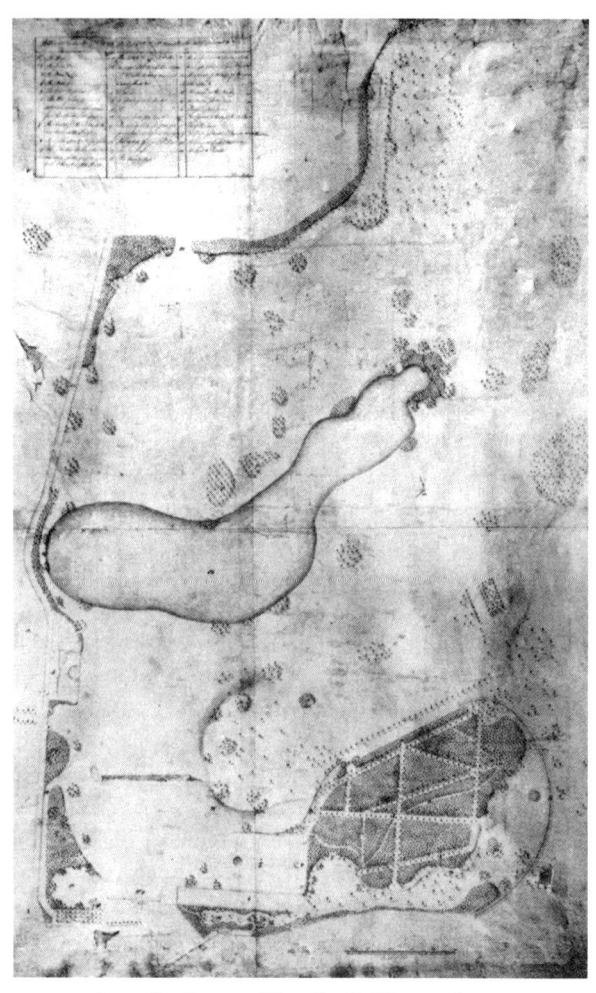

Lanzelot Browns Plan für die Umgestaltung
von Petworth (um 1753)

Lady Nature's second Husband
oder Spaziergang ins Unendliche

PETWORTH HOUSE, SUSSEX

Lanzelot Brown avancierte innerhalb kurzer Zeit vom Gärtnergehilfen zum gefeierten Landschaftskünstler. Auftrag folgte bald auf Auftrag. 1764 wurde er zum *Royal Gardener at Hampton Court and Richmond* ernannt. Unermüdlich reiste er durchs Land. Stets arbeitete er an mehreren Landschaftsbaustellen gleichzeitig. Seine Werkliste umfaßt über 200 Anlagen. Mit dem Eifer eines Besessenen näherte er die Landschaft seiner Heimat Stück für Stück dem Ideal an, das er sich von ihr gemacht hatte. Ein Angebot aus Schottland lehnte er mit der Begründung ab, er sei mit England noch nicht fertig. Horace Walpole nannte ihn »Lady Nature's second Husband«.

Zu den ersten Aufträgen, die Brown von Stowe aus annahm, gehörte die Umgestaltung des Gartens von Petworth in Sussex. Nirgends konnte er sein Konzept einer verschönerten Landschaft so ungehindert umsetzen wie hier. Er hat vielleicht schönere Gärten geschaffen (seine feinste Kunstlandschaft ist wahrscheinlich die von Bowood in Wiltshire), und Blenheim mag mit seinen riesigen Bauten spektakulärer sein. Aber kein Englischer Garten vermittelt Browns virtuosen Umgang mit dem Landschaftsraum eindrucksvoller als der 280 Hektar große Park, den er ab 1751 für Charles Wyndham, 2nd Earl of Egremont, in Petworth anlegte.

Auch Charles Wyndham war auf Grand Tour gewesen, bevor Petworth im Jahr 1750 durch Heirat in seinen Besitz gelangte, ein Bau aus dem 17. Jahrhundert mit dem üblichen französischen Gartenparterre. Bereits 1751 wurde Brown beauftragt, Vorschläge für eine Umgestaltung zu machen. Browns erster Pflanzplan zeigt ein riesiges Gelände, auf dem eine Vielzahl von Bäumen, teils freistehend, teils in Gruppen, scheinbar zufällig über den Raum verteilt ist. Von den Eindrücken, die ein Besuch in diesem Garten bereithält, verrät der Plan nichts.

Petworth wäre auch ohne seinen Park eine Reise wert. Charles Wyndham hatte von seiner Grand Tour zahlreiche Gemälde mitgebracht, vor allem Landschaftsbilder. Darüber hinaus gehörte er zu einem Kreis englischer Kunstliebhaber, die in dieser Zeit die niederländischen Maler des 17. Jahrhunderts entdeckten. Er legte den Grundstein zu einer exklusiven Kunstsammlung, die sein Sohn zu einer der reichsten des Landes ausbaute. Dichtgedrängt hängen Hunderte von Gemälden in Petworth House, darunter Werke von Reynolds, Gainsborough, van Dyck, Tizian, Rubens, Füßli, Hieronymus Bosch, Rogier van der Weyden. Hinzu kommt die größte private Sammlung von Ölgemälden William Turners. In den zwanziger Jahren des 19. Jahrhunderts wurde dem Haus im Norden eine Bildergalerie angefügt. Auf roten Wänden hängen die Gemälde in mehreren Reihen bis unter die Decke. Statuen und Skulpturen sind über den Raum verteilt. Vor allem an schönen Tagen ist der Besuch in diesem Saal ein Erlebnis, wenn Sonnenstrahlen durch die Oberlichte auf die hellen Marmorplastiken und die Gemälde auf den dunkelroten Wänden fallen. Selbstverständlich sind in dieser Sammlung auch jene Maler vertreten, deren Bilder das Landschaftsideal der Zeit geprägt haben: Gaspard Daughet (der sich nach seinem berühmten Schwager Poussin nannte), Jacob van Ruisdael und natürlich Claude Lorrain. Durch die Fenster der Salons im Erdgeschoß von Petworth House kann man besichtigen, wie Lanzelot Brown die Natur dem stimmungsvollen Landschaftsideal angeglichen hat, das diesen Bildern zugrundeliegt. Dabei läßt sich eine erstaunliche Entdeckung machen: Die scheinbar willkürlich verstreuten *Clumps* in dem riesigen Gartengelände sind so verteilt, daß von jedem Fenster aus eine unverstellte, weite Sichtachse in die Landschaft führt.

Browns Vorgehensweise war stets dieselbe, von verblüffender Einfachheit und immer wieder von großer Wirkung: Er staute das Gewässer – und sei es noch so klein – , das durch den jeweiligen Park floß, und gewann so einen See, dessen Ufer sich der Größe der Anlage sowie dem Geschmack und dem Vermögen des Auftraggebers entsprechend formen ließen. Dann modellierte er das Gelände. Die Bestandteile, die die zahlreichen Brown-Gärten immer wieder bestimmen – der See, die Rasenhügel, die *Clumps*, das Haha – waren allesamt nicht neu. Die radikale Reduktion der Mittel, die Beschränkung der Gartengestaltung auf diese wenigen Elemente führte jedoch immer wieder zu überwältigenden Effekten. Nicht die Antike war Browns Thema, auch nicht die Landschaft Italiens, ihm ging es um eine spektakuläre Inszenierung der Art und Weise, in der wir die Natur als den Raum erfahren, der uns umgibt. Dabei brachte er die Grenze zwischen Kunst und Natur weitgehend zum Verschwinden. Brown trennte häufig betont künstliche und scheinbar natürliche Gartenpartien – eine Trennung, die zum festen Bestandteil der großen Gartenentwürfe des 19. Jahrhunderts werden sollte (das gilt auch für die berühmten Parks von Peter Joseph Lenné und Fürst Pückler in Deutschland).

Der zwölf Hektar große *Pleasure Ground* an der nördlichen Seite des Hauses ist der einzige Teil des Gartens von Petworth, den Brown nicht grundlegend verändert hat. Die alten Strukturen blieben erhalten, allerdings pflanzte Brown eine Vielzahl von Bäumen und Büschen, legte Serpentinenwege an und errichtete zwei klassische Tempel. Der *Pleasure Ground* war am stärksten betroffen, als 1987 ein Sturm über Petworth hinwegfegte und sechshundert Bäume fällte. Ein aufwendiges Pflanzprogramm sorgt dafür, daß der Eindruck erhalten bleibt.

Der Park ist ringsum von einer kilometerlangen Mauer umgeben, die allerdings im Inneren niemals sichtbar ist. An einigen Stellen ist die Erde bis zum Scheitel der Mauer aufgeschüttet, die so zum Haha wird. Ansonsten sorgt ein Baumgürtel am Rande des Gartens dafür, daß man an keiner Stelle vermutet, man befinde sich in einem eingezäunten Gelände. Ein Haha trennt auch den *Pleasure Ground* vom Park. Das wurde vor allem deshalb notwendig, weil eine Herde seltener Hirsche das Gelände bevölkert. Die Tiere stammen wahrscheinlich aus Osteuropa und wurden Mitte des 18. Jahrhunderts importiert. Es war Mode, exotisches Wild in Gärten zu halten. In Blenheim soll eine Herde von zweitausend Tieren gegrast haben. In Petworth sind es heute noch über tausend. Es ist ein ganz besonders Bild, wenn sie in kleinen Gruppen zwischen den *Clumps* über die Hügel jagen oder grasend in der Nähe des Sees lagern.

Das formale Gartenparterre vor der Westseite des Hauses verwandelte Brown in eine weite Rasenfläche. Sie reicht tief in den Raum hinein und ist von einer aufgelockerten Landschaft umgeben, deren Wechselspiel zwischen hellgrünen Wiesen und dunklen Bauminseln sich jenseits der Gartenmauer bis zum Horizont fortsetzt. Im Vordergrund durchzieht der See als glitzernder Streifen dieses großzügige, ruhige Bild. Hier sieht es so aus, als habe Claude Lorrain die Welt nicht gemalt, wie er sie sich gewünscht hatte, sondern wie sie tatsächlich ist. Ein Ende kennt dieses Landschaftsbild nicht, selbst dann nicht, wenn man beginnt, sich langsam hineinzubewegen. Die Spaziergänger bewegen sich frei im Raum. Hügel, Täler, der See und die *Clumps* steuern den Blick und den Gang durch das Gelände. Sie sorgen dafür, daß sich die Landschaft ständig verändert. Rechterhand wächst ein Hügel, hinter dem sich ein Wiesental öffnet, linkerhand blickt man ins freie Land. Hinter jedem Hügel tun sich neue Hügel auf. Es ist die Landschaft selbst, die uns sanft nötigt, bestimmte Wege zu gehen und bestimmte Ansichten zu suchen.

Mit jedem Schritt in den Garten hinein wächst der See. Es ist wahrscheinlich der schönste von Browns unzähligen Gartenseen. 47 000 Tonnen Erde ließ er ausheben, und um das Wasser in dem Becken zu halten, mußten anschließend 17 000 Tonnen Lehm auf dem sandigen Boden verteilt werden. Browns Seen wirken nicht nur stets größer als sie sind, sie verändern ihre Gestalt, je nach dem, von wo aus man sie betrachtet. Wie Kents Gartenwege sind sie nach dem Gebot einer scheinbaren Unendlichkeit gestaltet. Unübersichtliche Uferformationen suggerieren Ausdehnung auch dort, wo keine ist. Zeitweise hat man den Eindruck, es handele sich um zwei Gewässer, dann wieder glaubt man, sich einem Fluß zu nähern. Selbst der Himmel und das Licht scheinen im Dienst der Landschaftsinszenierung Lanzelot Browns zu stehen. Die Schatten der Wolken ziehen zwischen den *Clumps* dahin, mit dem Sonnenstand verändert sich der Charakter der Wiesentäler. Wenn am Nachmittag die Sonne sinkt, werfen die *Clumps* weite Schatten. Vor allem um diese Zeit ziehen die Hirschrudel über die Hügel. Über zwei Meilen erstreckt sich das Gelände. Aber es ist weniger die Ausdehnung dieses Gartenraums als seine Inszenierung, die den einzigartigen Eindruck von Größe und Weite ausmacht. Der Gang durch den Garten wird zum Spaziergang ins Unendliche.

William Turner: Petworth Park (1827–1828)

Brown scheint nicht mehr ein Bild der Natur zu
inszenieren, sondern die Natur selbst. Darin besteht
seine große Leistung. Aber genau das ist ihm auch
zum Vorwurf gemacht worden. Seine Nachahmung
der Natur war so perfekt, daß man sich fragte, wozu
der enorme Aufwand, wenn am Ende Landschaft her-
auskam statt eines Landschaftsgartens. Viele bezich-
tigten Brown der Zerstörung schöner alter Gärten.

Den meisten gilt »Capability Brown« allerdings als
der größte Landschaftsgärtner des 18. Jahrhunderts.
Fürst Pückler nannte ihn den Shakespeare der Gartenkunst, und Pücklers grandiosem Landschaftspark
in Muskau (in dem sogar die Neiße umgeleitet wurde,
weil sie nicht so durch das Gelände floß wie der Bauherr es sich vorstellte) ist die Bewunderung für
Browns Raumkunst anzumerken. Auch Maler haben
sich für Lanzelot Browns Gärten begeistert. Das ist
nicht selbstverständlich. Es gibt nicht allzuviele Gemälde von Landschaftsgärten des 18. Jahrhunderts.
Schließlich sind sie selbst, wie Landschaftsbilder, malerische Interpretationen der Natur. Sie abzubilden
ist schwierig, weil in der Abbildung der Unterschied
zwischen Natur und Nachahmung der Natur nicht
mehr zu erkennen ist, und aus dieser Spannung leben
die Inszenierungen, Zitate und Anspielungen von

Rousham, Stourhead oder Stowe. Erst als die Englischen Gärten der Natur so nahe kamen, daß man beide wirklich verwechseln konnte, wurden sie wieder zum Motiv für Landschaftsmaler. In den zwanziger und dreißiger Jahren des 19. Jahrhunderts war William Turner häufig zu Gast in Petworth. Er malte eine ganze Serie von Bildern dieses Gartens. Auch Blenheim diente ihm als Motiv. Wie Brown und die anderen Landschaftsgärtner hatte sich Turner intensiv mit den Landschaftsgemälden Claude Lorrains beschäftigt. Ein eigener kleiner Raum in der National Gallery in London ist der Gegenüberstellung von Turner und Claude gewidmet. Turner konnte auch Browns verschönerte Landschaft als Vorlage nutzen, weil sie in ihrer Größe und Weite den Gestaltungsspielraum des Malers nicht beeinträchtigte. Claudes Blick auf die Welt hatte die Landschaftsgärten geprägt, in denen die Zeitgenossen einen ästhetischen Blick auf die Schönheiten der Natur einübten. Gegen Ende des 18. Jahrhunderts begannen sie, diese auch außerhalb der Gärten zu suchen. Mit Picknickkörben ausgerüstet streiften sie durchs Land auf der Suche nach natürlichen Landschaftsbildern, die eines Claude Lorrain, eines Poussin oder eines Salvator Rosa würdig waren. Eine eigens zu diesem Zweck erfundene Sehhilfe kam in Mode, die jede beliebige Landschaftsszene in ein entsprechendes Bild verwandeln konnte: das sogenannte »Claude-Glass«, eine konvexe Glasscherbe, die die Gegend so verzerrte, daß sie tatsächlich die Weite und die raumtiefe Großzügigkeit eines Landschaftsgemäldes aus dem 17. Jahrhundert erhielt.

Für die Reisenden, die solche Touren in die nähere Umgebung unternahmen, wurde ein neuer Begriff geprägt. Man nannte sie »tourists«.

Weitere Landschaftsgärten in England

AUDLEY END, ESSEX
BOWOOD HOUSE, WILTSHIRE
CHATSWORTH, DERBYSHIRE
CLAREMONT PARK, SURREY
CORSHAM COURT, WILTSHIRE
HAREWOOD HOUSE, YORKSHIRE
HOLKHAM HALL, NORFOLK
HYDE PARK, LONDON
KENSINGTON GARDENS, LONDON
KENWOOD, LONDON
THE LEASOWES, WEST MIDLANDS
LONGLEAT HOUSE, WILTSHIRE
PAINSHILL PARK, SURREY
PRIOR PARK, BATH
RICHMOND PARK, LONDON
ROYAL BOTANIC GARDENS AT KEW, LONDON
SEZINCOTE, GLOUCESTERSHIRE
SHEFFIELD PARK, SUSSEX
SHUGBOROUGH HALL, STAFFORDSHIRE
SYON PARK, LONDON
WARDOUR CASTLE, WILTSHIRE
WILTON HOUSE, WILTSHIRE
WIMPOLE HALL, CAMBRIDGESHIRE
WOBURN ABBEY, BEDFORDSHIRE
WREST PARK, BEDFORDSHIRE

BAYREUTH. EREMITAGE
UND FELSENGARTEN SANSPAREIL

Die Bayreuther Eremitage und der Felsengarten von Sanspareil entstanden vor 1750, also zu einer Zeit, als der Landschaftsgarten seinen Weg in die deutschen Länder noch nicht gefunden hatte. Trotzdem finden sich hier bereits Elemente, die an Englische Gärten erinnern – ein Zeichen dafür, daß die Bedürfnisse und Stimmungen, die zu dessen Entstehung führten, weit verbreitet waren. Das gilt vor allem für Sanspareil, wo Markgräfin Wilhelmine von Bayreuth einen romantischen Felsenhain in eine literarisch inspirierte Erlebnislandschaft verwandeln ließ.

WÖRLITZ BEI DESSAU

In Wörlitz begann Fürst Leopold Friedrich Franz von Anhalt-Dessau 1764 nach seiner Rückkehr von einer Englandreise, den ersten, bedeutendsten und vielleicht schönsten deutschen Englischen Garten anzulegen. Der Ruhm des Gartens verhinderte spätere Überarbeitungen. Nirgends in Deutschland kann man das, was das 18. Jahrhundert unter einem Englischen Garten verstand, so ursprünglich und vollständig erleben wie hier.

DESSAU. GEORGIUM UND LUISIUM

Über die Anlage des Gartens von Wörlitz hinaus verfolgte Fürst Franz den Plan, sein kleines Land weitgehend in ein geschlossenes Gartenreich zu verwandeln. So erhielt auch das Dessauer Georgium ›Englische Anlagen‹, und das Schlößchen Luisium, benannt nach der Frau des Fürsten, umgibt ein bezaubernder kleiner Landschaftsgarten.

BURGSTEINFURT. ›BAGNO‹

Um 1765 wurde in Burgsteinfurt mit der Anlage des ›Bagno‹ begonnen – ein Park der Attraktionen, der einst über neunzig Szenen, zumeist Kopien aus anderen Gärten, präsentierte (von denen allerdings nur wenige erhalten sind). Um einen See herum sind verschiedene ›Gegenden‹ gruppiert, eine heißt »Griechenland«, eine andere »Ägypten«. Der Garten zog im 18. Jahrhundert zahlreiche Touristen an.

SCHWETZINGEN

An den Rändern erweiterte der Gartenkünstler Friedrich von Sckell in den siebziger Jahren des 18. Jahrhunderts den prächtigen Barockpark der Residenz Schwetzingen gekonnt um Englische Partien mit schönen Naturszenen und zahlreichen Staffagebauten, die auch heute noch unbedingt eine Reise wert sind.

SCHÖNBUSCH BEI ASCHAFFENBURG

Um 1775 wurde hier auf einer Halbinsel in einem Mainknie ein kleiner Englischer Garten angelegt, den von Sckell ab 1785 zu einem der größten Landschaftsgärten Deutschlands erweiterte.

STUTTGART. HOHENHEIM

In Hohenheim entstand ab 1776 ein besonders origineller Englischer Garten – ein nachgebautes englisches Dorf erweckte den Anschein, auf den Trümmern des antiken Rom errichtet worden zu sein.

WEIMAR. PARK AN DER ILM, TIEFURT, BELVEDERE

Um 1780 regte Goethe nach einem Besuch in Wörlitz die Anlage eines Englischen Gartens im Weimarer Ilmtal an. In Tiefurt, nördlich von Weimar, verwandelte Herzoginmutter Anna Amalia ihren Landsitz in einen besonders schönen (und gut erhaltenen) Landschaftsgarten. 1815 wurde auch aus dem Garten des Schlosses Belvedere im Süden der Residenzstadt ein weitläufiger Landschaftspark.

SEIFERSDORFER TAL BEI DRESDEN

Ab 1781 verwandelten Gräfin Tina und Graf Moritz von Brühl ein waldiges Flußtal hinter ihrem Schloß in Seifersdorf in eine Traumlandschaft voller literarischer Anspielungen. Mit ein wenig Phantasie läßt sich der empfindsame Geist dieses Gartens, der im 18. Jahrhundert ein beliebtes Ausflugsziel war, auch heute noch erahnen.

MACHERN BEI LEIPZIG

1782 begann Heinrich August von Lindenau in Machern mit der Anlage eines Englischen Gartens. Höhepunkt des von gotischen und freimaurerischen Motiven dominierten Programms ist eine imposante Ritterburg mit einem Innenleben voller Überraschungen.

LOUISENLUND BEI SCHLESWIG

Ein schöner Landschaftspark an der Schlei, von dessen freimaurerisch geprägtem Gebäudeprogramm allerdings nicht viel erhalten ist.

EMKENDORF BEI KIEL

Auf dem Gut Emkendorf, einem Treffpunkt von Künstlern und Gelehrten, entstand in den letzten Jahrzehnten des 18. Jahrhunderts eine literarisch inspirierte Ideallandschaft.

HAMBURG. ELBGÄRTEN

Das Elbufer zwischen Altona und Blankenese wurde nach 1780 fast durchgängig im englischen Stil bearbeitet.

1789 erhielt von Sckell von Kurfürst Karl Theodor
den Auftrag, einen öffentlichen Garten im Englischen Stil zu entwerfen – den Englischen Garten.
Zwischen 1804 und 1823 hat von Sckell den prächtigen Französischen Park des Schlosses Nymphenburg
erweitert und die barocke Symmetrie auf eindrucks-
volle Weise mit den Gesetzen und Möglichkeiten der
Landschaftsgärtnerei verbunden.

Aus einem barocken Bergpark wuchs hier Ende des
18. und Anfang des 19. Jahrhunderts einer der wichtigsten deutschen Landschaftsgärten, der auch heute
noch einige Überraschungen bereithält, einschließlich einer gewaltigen gotischen Burg (deren Bibliothek früher eine umfangreiche Sammlung von Schau-
erromanen beherbergte).

Von den Berliner Parks, deren Geschichte ins 18. Jahrhundert zurückreicht, ist die Pfaueninsel mit ihrem
Ruinenschlößchen und ihren Gartenbauten heute
noch der ›reinste‹. Im 19. Jahrhundert wurden die
preußischen Gärten vor allem von Peter Joseph
Lenné umgestaltet und erweitert. Auch der barocke
Park von Charlottenburg erhielt natürliche Partien.
Der Glienicker Park ist der schönste unter den Berliner Landschaftsgärten, und er geht fließend in die
weitläufigen Potsdamer Gartenanlagen über.

Die einzigartige zusammenhängende Gartenlandschaft
in und um Potsdam setzt sich aus zahlreichen Schlös-
sern und Gärten zusammen. Hier bildete sich nach
1800 die preußische Antwort auf die Naturkunst des

Englischen Gartens heraus. Ab 1786 entstand der Neue Garten, einer der schönsten Englischen Gärten in Deutschland. Auch in Sanssouci hat Lenné gewirkt und die Idee des Landschaftsgartens auf seine Weise fortgeführt. Im weitläufigen Park von Schloß Babelsberg setzte Fürst Hermann von Pückler-Muskau Lennés Arbeiten fort.

MUSKAU BEI COTTBUS

Zwischen 1815 und 1845 schuf Fürst Hermann von Pückler-Muskau, der ausgedehnte Reisen durch England unternommen hatte und besonders die Kunst »Capability Browns« (s. S. 121) schätzte, in Muskau eine riesige, unter enormem Aufwand gestaltete Ideallandschaft und hinterließ der Nachwelt seine Version einer romantischen Landschaftskunst, deren Grundzüge er in einem Buch mit dem Titel *Andeutungen über die Landschaftsgärtnerei* zusammengefaßt hat.

COTTBUS. BRANITZ

Nachdem sich Pückler mit der Anlage seines gewaltigen Parks finanziell ruiniert hatte, übersiedelte der »Parkomane« (Pückler über Pückler) nach Branitz und schuf dort noch einmal ein Wunderwerk der Gartenkunst des 19. Jahrhunderts. Höhepunkt des Rundgangs ist der Blick auf eine Rasenpyramide in einem See, die Grabstätte des Fürsten.

INSEL HOMBROICH BEI DÜSSELDORF

In den achtziger Jahren unseres Jahrhunderts entstand auf der Insel Hombroich unter Einbeziehung eines historischen Gartens ein moderner Landschaftspark.

Literatur

Quellen

Wo sich die Herkunft der Zitate nicht aus dem Zusammenhang erschließt, führt in der Regel die Literatur zu den einzelnen Gärten zu den Quellen. Für alles, was Horace Walpole anbelangt, sei auf Norbert Millers *Strawberry Hill. Horace Walpole und die Ästhetik der schönen Unregelmäßigkeit*, München 1986, verwiesen, zu William Kent auf John Dixon Hunt: *William Kent, Landscape Garden Designer*, London 1987, zu Lanzelot Brown auf Dorothy Strouds *Capability Brown*, London 1975 und Joan Cliffords *Capability Brown. An illustrated life of Lancelot Brown 1716–1783*, Haverfordwest 1992. Ansonsten führt Adrian von Buttlars *Der Landschaftsgarten. Gartenkunst des Klassizismus und der Romantik*, Köln 1989 (die beste deutsche Einführung in die Kunst des Englischen Gartens) ebenso weiter wie Christopher Thackers *Die Geschichte der Gärten*, übersetzt von D. W. Portmann, Zürich 1979, sowie Thackers Zusammenstellung *England's Historic Gardens: An Illustrated Account of one Nation's Garden Heritage*, Dorking 1989.

Zu den einzelnen Gärten

Harris, John: *The Palladian Revival. Lord Burlington, His Villa and Garden at Chiswick*, New Haven London 1994.

Hewlings, Richard: *Chiswick House and Gardens*, hrsg. von English Heritage 1989.

Woobridge, Kenneth : *The Stourhead Landscape*, hrsg. vom National Trust (London) 1995.

West Wycombe Park, hrsg. vom National Trust (London) 1993.

Castle Howard, Birmingham 1988.

Fountains Abbey & Studley Royal, hrsg. vom National Trust (London) 1993.

The History of Ripon, To which is added, a description of Fountains Abbey, Studley, and Hackfall, York 1801.

The Rievaulx Terrace. North Yorkshire, hrsg. vom National Trust (London) 1992.

Rodenhurst, Thomas: *Description of Hawkstone, the Seat of Sir Richard Hill*, 9. Auflage, London 1807.

Stowe Landscape Gardens, hrsg. vom National Trust (London) 1997.

G. B. Clarke(ed.): *Descriptions of Lord Cobham's Gardens at Stowe* (1700–1750), Dorchester 1990.

Blenheim Palace, Norwich 1993.

Petworth House, West Sussex, hrsg. vom National Trust (London) 1994.

Butlin, Martin; Luther, Mollie; Warrell, Ian: *Turner at Petworth. Painter & Patron*, The Tate Gallery, London 1989.

Zum Weiterlesen

Brilli, Attilio: *Als Reisen eine Kunst war. Vom Beginn des modernen Tourismus: Die ›Grand Tour‹*, Berlin 1997.

Buttlar, Adrian von: *Der englische Landsitz 1715–1760. Symbol eines liberalen Weltentwurfs*, Mittenwald 1982.

Clifford, Derek: *A History of Garden Design*, London 1966.

Chambers, William: *A Dissertation on Oriental Gardening*, London 1772, Reprint London 1972.

Everett, Nigel: *The Tory View of Landscape*, New Haven London 1994.

Gothein, Marie Louise: *Geschichte der Gartenkunst,* 2 Bände, Jena 1926.

Hammerschmidt, Valentin; Wilke, Joachim: *Die Entdeckung der Landschaft. Englische Gärten des 18. Jahrhunderts*, Stuttgart 1990.

Hennebo, Dieter; Hoffmann, Alfred: *Geschichte der Gartenkunst,* 3 Bände, Hamburg 1962ff.

Hennings, August (Hg.): *Der Genius der Zeit. Ein Journal,* Altona 1794ff.

Hirschfeld, Christian Cay Lorenz: *Theorie der Gartenkunst*, Leipzig 1779ff. Nachdruck Hildesheim New York 1973.

Hobhouse, Penelope; Taylor, Patrick (ed.): The *Gardens of Europe*, New York 1990.

Hunt, John Dixon: *The Figure in the Landscape. Poetry, Painting, and Gardening during the Eighteenth Century,* Baltimore London 1976.

Ders.: *Garden and Grove. The Italian Renaissance Garden in the English Imagination: 1600–1750*, London Melbourne 1986.

Hussey, Christopher: *English Gardens and Landscapes. 1700– 1750*. London 1967.

Jackson-Stops, Gervase: *An English Arcadia 1690–1990. Designs for Gardens and Garden Buildings in the Care of the National Trust*, Washington D.C. 1991.

Manwaring, Elizabeth W.: *Italian Landscape in Eighteenth Century England. A Study Chiefly in the Influence of Claude Lorrain and Salvator Rosa on English Taste 1700–1800*, London 1965.

Mason, William: *The English Garden. A Poem (1772–1781)*, Reprint New York London 1982.

Mavis, Batey; Lambert, David: *The English Garden Tour. A View into the Past*, London 1990.

Miller, Norbert: *Die beseelte Natur. Der literarische Garten und die Theorie der Landschaft*, in: Pfotenhauer, Helmut (Hrsg.): *Kunstliteratur als Italienerfahrung*, Tübingen 1991, S.112–191.

Mosser, Monique; Teyssot, Georges: *Die Gartenkunst des Abendlandes. Von der Renaissance bis zur Gegenwart*, Stuttgart 1993.

Müllenbrock, Heinz-Joachim: *Der englische Landschaftsgarten des 18. Jahrhunderts und sein literarischer Kontext*, Göttingen 1986.

Ders.: *Über die englische Gartenkunst*. Übersetzt von August Wilhelm Schlegel, hrsg. von Frank Maier-Solgk, Heidelberg 1994.

Des Alexander Pope Esq. sämtliche Werke mit Wilhelm Warburtons Commentar und Anmerkungen. Vierter Band, Moralische Versuche in Vier Briefen an verschiedene Personen, S. 131–141, Straßburg 1778.

Thacker, Christopher: *The Wildness Pleases. The Origins of Romanticism*, London 1983.

Turner, Roger: *Capability Brown and the Eighteenth-century Landscape*, London 1985.

Turner, Tom: *English Garden Design. History and Styles since 1650*, Woobridge 1986.

Walpole, Horace: *Die Burg von Otranto*, übersetzt von Joachim Uhlmann, Frankfurt/M. 1988.

Wimmer, Clemens Alexander: *Geschichte der Gartentheorie*, Darmstadt 1989.

Zimmermann, Johann Georg: *Ueber die Einsamkeit*, Carlsruhe 1785.

Alle in diesem Buch beschriebenen Gärten sind öffentlich zugänglich. Wer selbst eine *English Garden Tour* unternehmen will, kann alle notwendigen Informationen zu fast allen bedeutenden Gärten und Landhäusern in England einer der beiden folgenden, jährlich aktualisiert erscheinenden Publikationen entnehmen: *Historic Houses, Castles and Gardens in Great Britain and Ireland*, East Grinstead oder *Visitor's Guide to Historic Houses and Castles*, London.

Bildnachweis

Lesen und reisen Sie weiter:

CASANOVAS VENEDIG
Ein Reiselesebuch von Lothar Müller
Ein reich mit historischen Stichen bebildertes Buch,
in dem man – zuhause bei der Lektüre oder unterwegs durch
Kanäle und über Brücken – die Anlegestellen
findet, um in das Venedig Casanovas überzusetzen.
SVLTO. Rotes Leinen. 128 Seiten mit zahlreichen
Abbildungen und 2 Stadtplänen

KAFKAS PRAG
Ein Reiselesebuch von Klaus Wagenbach
Ein Portrait der literarischen und biographischen Orte
Kafkas in seiner Heimatstadt, in Text wie Bild.
SVLTO. Rotes Leinen. 128 Seiten mit
vielen Photos und vier Stadtplänen

AUGUST KOPISCH
Entdeckung der Blauen Grotte auf der Insel Capri
Die Verwandlung einer ›verrufenen Höhle‹ in die
›Blaue Grotte‹: Die Entdeckung eines Weltwunders des
Tourismus durch einen deutschen Romantiker.
Mit vielen Bildern und dem Nachwort
»Die Blaue Grotte als Blaue Blume«.
Herausgegeben von Dieter Richter.
SVLTO. Rotes Leinen. 112 Seiten
mit zahlreichen Abbildungen

VIRGINIA WOOLF
London
Bilder einer großen Stadt
Sechs meisterhafte Prosabilder der berühmten
Schriftstellerin aus einer melancholischen Metropole.
Ein Buch über das London zwischen den Weltkriegen –
für Reisende, die wissen möchten, was noch da ist.
Aus dem Englischen und mit einem Nachwort
von Kyra Stromberg.
SVLTO. Rotes Leinen. 96 Seiten mit vielen Photos

Bildnachweis

Vorsatz: John Rocqe, *Plan von Chiswick,* 1736 (Photo: Geremy Butler); S.3: *Der Music Temple von West Wycombe,* Gemälde von T.Daniell, um 1790 (Photo: Country Life); S.4: Stowe, *The Temple of Concorde and Victory,* J.C.Nattes, 1805 (Photo: NTPL/ Angelo Hornak); S.11: Aus Christopher Thacker, *Die Geschichte der Gärten,* Zürich 1975; S.13: Universität Kiel, Kunsthistorisches Institut/Universitätsbibliothek (Photo: Carl Lamb); S.14, 124: Aus Dorothy Stroud, *Capability Brown,* London 1975; S.17: The Egremont Collection, Petworth (Photo: Mark Fiennes); S.20, 22: Geremy Butler; S.26, 31: Aus John Harris, *The Palladian Revival, London,* 1994; S.30: Chatsworth/Devonshire Collection; S.32: Aus Horace Walpole, *Über die englische Gartenkunst,* Heidelberg 1994; S.37: Richard Bentley, Stich aus der *Description...,* (1784); S.39: Stich von J.Newton nach dem Aquarell in der *Description ...,* (1784); S.40: Wilmarthen S.Lewis Collection, Farmington/Conn.; S.42: Aus Laurence Fleming, Alan Gore, *The English Garden,* London 1979; S.50, 78, 84: NTPL/ Angelo Hornak; S.55, 102: Aus Kenneth Woodbridge, *The Stourhead Landscape,* London, 1982; S.57: National Gallery, London; S.58: Aus *West Wycombe Caves;* S.62, 63: Yale Center for British Art, Paul Mellon Collection; S.68: Aus M.Batey/D.Lambert, *The English Garden Tour,* London, 1990; S.72–73: David Lambert; S.86: John Bethell; S.94, 96, 98, 100: Hawkstone Park Leisure; S.109, 110, 112: Benton Seeley, 1750; S.114: Aus Hammerschmidt/Wilke *Die Entdeckung der Landschaft,* Stuttgart, 1990; S.117: Mary Evans Picture Library, London; S.120/121: Aus *Blenheim Palace,* Norwich 1993; S.130: The Tate Gallery, London; Nachsatz: Karte von Andrew Betteridge, aus: M Batey/D.Lambert, *The English Garden Tour,* London 1990.

Wir haben uns bemüht, alle Rechteinhaber ausfindig zu machen. Sollte es uns in Einzelfällen nicht gelungen sein, Rechteinhaber zu benachrichtigen, so bitten wir diese, sich beim Verlag zu melden.

Lesen und reisen Sie weiter:

CASANOVAS VENEDIG
Ein Reiselesebuch von Lothar Müller
Ein reich mit historischen Stichen bebildertes Buch,
in dem man – zuhause bei der Lektüre oder unterwegs durch
Kanäle und über Brücken – die Anlegestellen
findet, um in das Venedig Casanovas überzusetzen.
SVLTO. Rotes Leinen. 128 Seiten mit zahlreichen
Abbildungen und 2 Stadtplänen

KAFKAS PRAG
Ein Reiselesebuch von Klaus Wagenbach
Ein Portrait der literarischen und biographischen Orte
Kafkas in seiner Heimatstadt, in Text wie Bild.
SVLTO. Rotes Leinen. 128 Seiten mit
vielen Photos und vier Stadtplänen

AUGUST KOPISCH
Entdeckung der Blauen Grotte auf der Insel Capri
Die Verwandlung einer ›verrufenen Höhle‹ in die
›Blaue Grotte‹: Die Entdeckung eines Weltwunders des
Tourismus durch einen deutschen Romantiker.
Mit vielen Bildern und dem Nachwort
»Die Blaue Grotte als Blaue Blume«.
Herausgegeben von Dieter Richter.
SVLTO. Rotes Leinen. 112 Seiten
mit zahlreichen Abbildungen

VIRGINIA WOOLF
London
Bilder einer großen Stadt
Sechs meisterhafte Prosabilder der berühmten
Schriftstellerin aus einer melancholischen Metropole.
Ein Buch über das London zwischen den Weltkriegen –
für Reisende, die wissen möchten, was noch da ist.
Aus dem Englischen und mit einem Nachwort
von Kyra Stromberg.
SVLTO. Rotes Leinen. 96 Seiten mit vielen Photos

CARLO EMILIO GADDA

Mein Mailand
Ein Lese- und Bilderbuch
Ein kleines Lesebuch mit allen wichtigen Texten des
›Vaters der modernen italienischen Literatur‹ über seine
Heimatstadt; mit sorgfältig ausgesuchten zeitgenössischen
Bildern. Wo Gadda ist, ist Mailand, wo Mailand ist, ist Gadda.
Aus dem Italienischen von Toni Kienlechner
SΛLTO. Rotes Leinen. 96 Seiten mit vielen Photos

ATTILIO BRILLI

Italiens Mitte
Alte Reisewege und Orte in der Toskana und Umbrien
Die alten Reisewege durch das Herz Italiens und seine Orte,
beschrieben von Pilgern, Adligen, Schriftstellern, Malern.
Aus dem Italienischen von Annette Kopetzki
WAT 313. 192 Seiten mit vielen Abbildungen

ATTILIO BRILLI

Als Reisen eine Kunst war
Vom Beginn des modernen Tourismus: Die ›Grand Tour‹
Die Geschichte vom Beginn unserer Sehnsucht in die
Ferne: Wie die ersten neugierigen Herren (später auch
Damen) der Gesellschaft zur Bildungsreise aufbrechen, die
naturgemäß im Kunstland Italien endet.
Aus dem Italienischen von Annette Kopetzki
WAT 274. 224 Seiten mit zahlreichen Abbildungen.

Wenn Sie mehr über den Verlag und seine Bücher wissen
möchten, schreiben Sie uns eine Postkarte. Wir schicken
Ihnen gern die *ZWIEBEL,* unseren Westentaschenalmanach
mit Lesetexten aus den Büchern, Photos und Nachrichten
aus dem Verlagskontor. *Kostenlos, auf Lebenszeit!*

Verlag Klaus Wagenbach, Ahornstraße 4, 10787 Berlin

DER ENGLISCHE GARTEN
erschien 1999 als 81. *SALTO*

© 1999 Verlag Klaus Wagenbach, Ahornstraße 4, 10787 Berlin
Einbandgestaltung Groothuis + Malsy unter Verwendung
des Bildes *Ansicht von Stourhead* von Francis Nicholson.
Gesetzt aus der Korpus Galliard von der
Offizin Götz Gorissen, Berlin.
Gedruckt auf chlor- und säurefreiem Papier
und gebunden durch Clausen & Bosse, Leck.
Leinen von Herzog, Beimerstetten.
Printed in Germany. Alle Rechte vorbehalten.
SALTO ist patentgeschützt.
ISBN 3 8031 1180 3

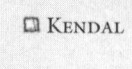

1. CHISWICK HOUSE, LONDON
2. STRAWBERRY HILL, TWICKENHAM
3. ROUSHAM, OXFORDSHIRE
4. STOURHEAD, WILTSHIRE
5. WEST WYCOMBE, BUCKINGHAMSHIRE
6. CASTLE HOWARD, YORKSHIRE
7. STUDLEY ROYAL, YORKSHIRE
8. DUNCOMBE UND RIEVAULX TERRACE, YORKSHIRE
9. HAWKSTONE PARK, SHROPSHIRE
10. STOWE, BUCKINGHAMSHIRE
11. BLENHEIM, OXFORDSHIRE
12. PETWORTH, SUSSEX

KENDAL

STO

UTTOXET

STAFFORD

WO

GLO

BRISTO

BA

WELLS

EXETER

DORCH

PLYMOUTH